TIA CORINA

# MISSA COM CRIANÇAS
### Evangelhos, Histórias, Dramatizações, Jograis e Orações

## ANO B

SANTUÁRIO

COPIDESQUE: Ana Lúcia de Castro Leite
REVISÃO: Elizabeth dos Santos Reis
DIAGRAMAÇÃO: Juliano de Sousa Cervelin
PROJETO GRÁFICO E CAPA: Marco Antônio Santos Reis
ILUSTRAÇÕES: Adilson B. Santos

**Dados Internacionais de Catalogação na Publicação (CIP)
(Câmara Brasileira do Livro, SP, Brasil)**

Corina, Tia
    Missa com crianças: evangelhos, histórias, dramatizações, jograis – Ano B / Tia Corina. – Aparecida, SP: Editora Santuário, 2005.

    ANO A  85-7200-953-1
    ANO B  85-7200-905-1
    ANO C  85-369-0024-5

    1. Catequese – Igreja Católica 2. Missa com crianças I. Título.

04-0683                              CDD-264.02036083

**Índices para catálogo sistemático:**

    1. Missa com crianças: Celebração Eucarística: Igreja Católica 264.02036083

5ª impressão

Todos os direitos reservados à EDITORA SANTUÁRIO – 2017

Rua Pe. Claro Monteiro, 342 – 12570-000 – Aparecida-SP
Tel.: 12 3104-2000 – Televendas: 0800 - 16 00 04
www.editorasantuario.com.br
vendas@editorasantuario.com.br

## Dedicatória

*Às queridas crianças cristãs de todo o Brasil,*
no tempo da UNIDADE.

*Com muito amor,*
Tia Corina

## Com Aprovação

Caríssima Tia Corina,

Achei muito boa sua ideia de convidar o presbítero Jonas para fazer a apresentação do livro. É um sinal de abertura de nossa parte, como católicos, a nossos irmãos das outras confissões cristãs.

Tem todo o meu apoio!

Que o Senhor a abençoe!

Com meu abraço, fraternalmente em Cristo,

† *Dom Elias Manning*
Bispo de Valença-RJ

Valença-RJ, 18 de março de 2005

# Apresentação

Prezado leitor,

Seria redundante de minha parte expressar minha grande satisfação de estar fazendo parte desta edição. Tenho um enorme carinho pela autora deste livro, que tenho por liberdade chamá-la de "Tia Corina". É uma admiração incomensurável por seu trabalho de evangelização junto às crianças.

São fantásticas suas histórias infantis, visando sempre um objetivo, e é maravilhosa a forma como o Senhor Jesus é apresentado, em foco, sempre como o personagem principal, ao qual é de fato a verdade, conduzindo as crianças a um reino de paz, amor e, principalmente, salvação.

Tenho plena e convicta certeza de que esta edição trará para seus leitores lições imprescindíveis. Afinal Deus se manifesta em obras puras e simples

Quero também deixar uma mensagem da Bíblia Sagrada para nossas criancinhas, que se encontra no Evangelho de Lucas (18,16): "Deixai vir a mim os pequeninos, e não os embaraceis, deles é o reino dos céus". Foram essas as palavras de Jesus.

Um grande abraço e que Deus continue abençoando a todos.

Pb. Jonas Manuel da Costa
Assembleia de Deus

Agradecimento de Tia Corina, pelo grande apoio de:

— Dom Elias Manning, bispo de Valença-RJ e membro da Comissão Bíblica Catequética da CNBB.

— Frei Vitalino Turcato, vigário de Paty do Alferes-RJ.

— Catequistas da Igreja Nossa Senhora da Glória de Governador Portela – Miguel Pereira-RJ.

— Crianças, jovens e adultos de Governador Portela, Miguel Pereira-RJ.

— Igrejas Católicas e Evangélicas.

— Presbítero Jonas.

— Rosa Sucena (minha ilustradora e também quem ajudou na organização deste livro).

— Sr. Avelino Grassi e todos da Editora Santuário, que confiaram em meu trabalho.

— Dolores Maria Fernandes e Maria Isabel Dantas Fernandes, pelo grande incentivo.

— Coronel Léo de Souza Nogueira da Gama, pela presença e pelo apoio às missas com crianças, às 17 horas dos sábados, na Igreja Nossa Senhora da Glória, em Governador Portela-RJ.

# VIGIAI: NÃO SABEIS QUANDO O DONO DA CASA VEM

**1º DOMINGO DO ADVENTO**
(Mc 13,33-37)

Naquele tempo, disse Jesus a seus discípulos: [33]Cuidado! Ficai atentos, porque não sabeis quando chegará o momento. [34]É como um homem que, ao partir para o estrangeiro, deixou sua casa sob a responsabilidade de seus empregados, distribuindo a cada um sua tarefa. E mandou o porteiro ficar vigiando. [35]Vigiai, portanto, porque não sabeis quando o dono da casa vem: à tarde, à meia-noite, de madrugada ou ao amanhecer. [36]Para que não suceda que, vindo de repente, ele vos encontre dormindo. [37]O que vos digo, digo a todos: Vigiai!"

## O PRIMEIRO PASTOR

Esta história se passou há muitos anos.

As ovelhas não se entendiam: as pretas não podiam nem ouvir falar das brancas...

— Saiam para lá! Afastem-se, brancas azedas.

As branquinhas ofendidas respondiam:

— Não queremos conversa com ovelhas carvoeiras.

E os dois grupos declaravam guerra.

— Este rio é nosso! — diziam as pretinhas.

— Onde vamos beber água?

— Arrumem-se.

Como não quisessem afastar-se, as branquinhas empurravam as pretinhas ou vice-versa. Um horror!

— Este capim é nosso! — berravam as brancas.

— Quem disse? — gritavam as pretas.

— Chegamos primeiro!

— Quem foi ao vento perdeu o assento.

Quando o sol estava a pino, as ovelhas procuravam a sombra das grandes mangueiras.

— A sombra é nossa!
— Fora daqui! Fora daqui!
As ovelhas não se entendiam, brigavam, berravam sem parar:
— Mé.
— Mé.
Um dia surgiu naquela região o pastorzinho Rafael.
Ao ver as ovelhinhas brigando, dizendo coisas feias umas para as outras, empurrando umas às outras, o pastorzinho Rafael ficou tão triste e chorou tanto que fez um lago a seu redor.
As ovelhinhas, espantadas com aquele jovem que só sabia chorar de tristeza, aproximaram-se.
Rafael, com os olhos cheios de lágrimas, falou ao rebanho:
— Estou tristíssimo porque vocês estão brigando. Quem briga não é feliz. O rio tem água suficiente para todas vocês, as árvores dão grande sombra para todas vocês, a relva macia e gostosa pode alimentar dez rebanhos... Por que brigar, então?
As ovelhas olharam umas para as outras e não souberam responder.

— Gritos, berros, empurrões, discussões não levam a nada e nos deixam tristes e revoltados. Vocês verão que, vivendo em *paz,* serão felizes.

O pastorzinho Rafael apanhou sua flauta e tocou uma linda canção...

As ovelhinhas deitaram-se ao redor do amigo que lhes falara de *paz.*

Daquele dia em diante, as ovelhas pretinhas e as branquinhas não se separaram mais.

Mesmo sozinhas, pensam nas palavras de Rafael e continuam a viver em paz. Rafael, às vezes, se ausenta para cuidar de outros rebanhos, mas ao voltar sem avisar encontra os carneirinhos e ovelhas como deseja seu coração, porque estão unidos e em *paz.*

### Reflexão:

*Se todos vivermos unidos*
*E nosso coração vigiar,*
*Jesus ficará feliz*
*Quando vier nos visitar.*

*Jesus vem para salvar*
*Os homens da solidão.*
*Ele quer que todos vivam*
*Em fraterna união.*

# ALEGRA-TE, CHEIA DE GRAÇA, O SENHOR ESTÁ CONTIGO!

### IMACULADA CONCEIÇÃO DE MARIA
### (Lc 1,26-38)

Naquele tempo, [26]no sexto mês, o anjo Gabriel foi enviado por Deus a uma cidade da Galileia, chamada Nazaré, [27]a uma virgem, prometida em casamento a um homem chamado José. Ele era descendente de Davi e o nome da Virgem era Maria.

[28]O anjo entrou onde ela estava e disse: "Alegra-te, cheia de graça, o Senhor está contigo!"

[29]Maria ficou perturbada com estas palavras e começou a pensar qual seria o significado da saudação.

[30]O anjo, então, disse-lhe: "Não tenhas medo, Maria, porque encontraste graça diante de Deus. [31]Eis que conceberás e darás à luz um filho, a quem porás o nome de Jesus. [32]Ele será grande, será chamado Filho do Altíssimo, e o Senhor Deus lhe dará o trono de seu pai Davi. [33]Ele reinará para sempre sobre os descendentes de Jacó, e o seu reino não terá fim".

[34]Maria perguntou ao anjo: "Como acontecerá isso, se eu não conheço homem algum?"

[35]O anjo respondeu: "O Espírito virá sobre ti, e o poder do Altíssimo te cobrirá com sua sombra. Por isso, o menino que vai nascer será chamado Santo, Filho de Deus. [36]Também Isabel, tua parenta, concebeu um filho na velhice. Este já é o sexto mês daquela que era considerada estéril, [37]porque para Deus nada é impossível".

[38]Maria, então, disse: "Eis aqui a serva do Senhor; faça-se em mim segundo a tua palavra!"

# MARIA E GABRIEL

## (Dramatização)

**Personagens:** Narrador, Maria, Anjo Gabriel, jovem (com uma placa, onde está escrita a palavra Nazaré).

**Narrador:** O Anjo Gabriel foi enviado a uma cidade chamada Nazaré. Ia encontrar-se com Maria, noiva de José. José era descendente de Davi.

**Gabriel:** Alegra-te, Maria, cheia de graça.

**Maria:** Sim?

**Gabriel:** O Senhor Deus está contigo.

**Narrador:** Maria ficou perturbada e pensou: Que era aquilo? Que queriam dizer aquelas palavras?

**Gabriel:** Não tenhas medo, Maria, Deus está contigo.

**Maria:** É?

**Gabriel:** Não tenhas medo, Maria.

**Maria:** Fiz alguma coisa errada?

**Gabriel:** Não fizeste nada errado. Ao contrário... Foste escolhida por Deus, para ser a mãe de Jesus.

**Maria:** Eu?

**Gabriel:** Sim! Terás um filho. Seu nome será Jesus. Jesus, filho de Deus! Ele ganhará o trono de Davi. Ele será Rei. Rei para sempre. Seu reino não terá fim...

**Maria:** Como pode acontecer isso? Não tenho relações com nenhum homem.

**Gabriel:** Descerá sobre ti o Divino Espírito Santo e uma sombra te cobrirá. O menino que vai nascer será Santo. Ele é o Filho de Deus!

**Narrador:** Maria abaixa a cabeça e une as mãos como se estivesse a rezar.

**Maria:** Obrigada, meu Deus!

**Gabriel:** Maria, outra novidade: Isabel, tua prima, está grávida de seis meses.

**Maria:** Mas ela é bem velha...

**Gabriel:** Para Deus, nada é impossível.

**Maria:** Eu sou a escrava de Deus. Que tudo aconteça como ele quer.

**Narrador:** O Anjo Gabriel se retira e todos cantam fazendo gestos: Maria dança alegremente, acompanhando a música.

*(Canto: Maria de Nazaré.)*

---

**Reflexão:** *Quem imitar Nossa Senhora, Rainha do Céu e da Terra, pode estar seguro de sua ida, um dia, para o Reino de Deus.*
*Devemos rezar a oração da Ave-Maria todos os dias e não esquecer que o Advento é o tempo em que esperamos Jesus.*

# ENDIREITAREI AS ESTRADAS DO SENHOR

## 2º DOMINGO DO ADVENTO
### (Mc 1,1-8)

¹Início do Evangelho de Jesus Cristo, Filho de Deus. ²Está escrito no Livro do profeta Isaías: "Eis que envio meu mensageiro à tua frente, para preparar o teu caminho. ³Esta é a voz daquele que grita no deserto: 'Preparai o caminho do Senhor, endireitai suas estradas!'"

⁴Foi assim que João Batista apareceu no deserto, pregando um batismo de conversão para o perdão dos pecados. ⁵Toda a região da Judeia e todos os moradores de Jerusalém iam ao seu encontro. Confessavam seus pecados e João os batizava no rio Jordão.

⁶João se vestia com uma pele de camelo e comia gafanhotos e mel do campo. ⁷E pregava, dizendo: "Depois de mim virá alguém mais forte do que eu. Eu nem sou digno de me abaixar para desamarrar suas sandálias. ⁸Eu vos batizei com água, mas ele vos batizará com o Espírito Santo".

## O SEGUNDO PASTOR

No alto de uma montanha vivia Elias, um pequeno pastor, com seu rebanho. Elias não tinha roupas confortáveis, nem sapatos ou tênis macios; nem comidas gostosas, nem cama para dormir. No entanto, o pastorzinho vivia feliz, porque dava muito valor à beleza da natureza, que podia apreciar à vontade: o sol brilhante, a chuva que refresca, as flores perfumadas, o rio que corre sem parar, as borboletas coloridas e principalmente suas lindas ovelhas e carneiros.

— Que maravilha! Que beleza! Como Deus é bom em nos dar tantas coisas importantes e belas! — dizia sempre.

Pensando assim, o pastorzinho Elias era imensamente feliz!

Um dia, alguém contou-lhe que lá na cidade vivia um menino tão doente e triste que não podia levantar-se de sua cama.

— Vou ajudá-lo — pensou Elias. — Vou dar-lhe a metade

de minha alegria e ainda sobrará a outra metade para mim.

Guardou o rebanho na gruta, com muito cuidado e carinho.

Desceu a montanha pulando e cantando, com um ramo de flores do campo nas mãos. Os passarinhos, seus amigos, desceram com ele o morro, acompanhando o canto do pastorzinho. Voavam alegremente e às vezes pousavam nos ombros, na cabeça e nas mãos de Elias.

Na cidade, as pessoas ficaram admiradas ao verem Elias com o bando de passarinhos soltos, saltitando à vontade e cantando sem parar. Com satisfação, um senhor apontou o caminho da casa de Moisés, o menino triste.

Os empregados de Moisés espantaram-se ao ver o grupo estranho que descera da montanha.

— Você veio ver nosso patrãozinho doente?

— Sim! Permitam que eu entre

— É impossível. Você está com os pés sujos e vai sujar os tapetes.

— Lavarei meus pés com água do poço — respondeu prontamente Elias.

Já nas condições desejadas, o menino entrou na bela casa e com ele as flores e os passarinho.

Moisés, vendo a alegria de Elias, as flores que recebia como presente, e ouvindo o canto dos passarinhos, sorriu e levantou-se, embora com dificuldade Os passarinhos pousaram-lhe nos ombros e nas mãos.

— Amigo! Trouxe-lhe o que podia: flores do campo e os passarinhos cantadores.

Moisés bateu palmas, agradeceu a Elias, abraçou-o e daí em diante não mais ficou triste, porque tinha a seu lado os passarinhos que cantavam em liberdade.

E Elias?

Voltou para a montanha, para seu rebanho, muito mais feliz ainda, porque praticara um gesto de amor.

> **Reflexão:**
> Depois de perdoados,
> Tentemos não mais pecar.
> O arrependimento nosso
> Nasce para nos salvar.
>
> Quem o Evangelho seguir,
> Quem melhorar dia a dia,
> No dia de Cristo Jesus,
> Terá paz e alegria.
>
> Fraternidade e amor,
> A vida com união.
> Segredos de Jesus Cristo,
> Segredos de salvação!

# NO MEIO DE VÓS ESTÁ AQUELE QUE VÓS NÃO CONHECEIS

### 3º DOMINGO DO ADVENTO
(Jo 1,6-8.19-28)

⁶Surgiu um homem enviado por Deus; seu nome era João. ⁷Ele veio como testemunha, para dar testemunho da luz, para que todos chegassem à fé por meio dele. ⁸Ele não era a luz, mas veio dar testemunho da luz.

¹⁹Este foi o testemunho de João, quando os judeus enviaram de Jerusalém sacerdotes e levitas para perguntar: "Quem és tu?"

²⁰João confessou e não negou. Confessou: "Eu não sou o Messias".

²¹Eles perguntaram: "Quem és, então? És tu Elias?" João respondeu: "Não sou". Eles perguntaram: "És profeta?" Ele respondeu: "Não".

²²Perguntaram então: "Quem és, afinal  Temos de levar uma resposta para aqueles que nos enviaram. O que dizes de ti mesmo?"

²³João declarou: "Eu sou a voz que grita no deserto: 'Aplainai o caminho do Senhor'" — conforme disse o profeta Isaías.

²⁴Ora, os que tinham sido enviados pertenciam aos fariseus ²⁵e perguntaram: "Por que então andas batizando, se não és o Messias, nem Elias, nem o Profeta?"

²⁶João respondeu: "Eu batizo com água; mas no meio de vós está aquele que vós não conheceis, ²⁷e que vem depois de mim. Eu não mereço desamarrar a correia de suas sandálias".

²⁸Isto aconteceu em Betânia, além do Jordão, onde João estava batizando.

## O TERCEIRO PASTOR

Barnabé, um pequeno pastor, encantava todos com o grande amor que tinha pelas ovelhas e pela natureza.

Conhecia todas as ovelhas, chamando-as por seu nome.

— Branquinha! Malhada! Nevada!

E lá iam as ovelhas pulando a seu encontro.

Barnabé reunia o rebanho embaixo de uma grande árvore e ficava horas tocando sua flauta.

Os carneiros e ovelhas, deitados ou de pé, não tiravam os olhos do pequeno pastor que transmitia a todos muita paz.

Um dia, Anita, uma pequena ovelha, afastou-se para um caminho cheio de pedras e espinhos.

Barnabé correu a procurá-la, mesmo ferindo os pés nas pedras e arranhando as mãos nos espinhos.

Com carinho, trouxe Anita de volta e foi saudado pelo rebanho.

— É o maior! É o maior! É o maior! É o maior pastor!

— Não, meus amiguinhos, eu não sou o maior pastor! Eu sou Barnabé, um amigo de vocês. Em breve vocês conhecerão o maior Pastor! O Pastor que é todo bondade, que virá trazendo seu Amor para vocês. O Maior Pastor é capaz de fazer maravilhas:

— as ovelhinhas surdas irão ouvir;

— as ovelhinhas mudas irão falar;

— as ovelhinhas cegas irão ver;

— as ovelhinhas doentes ficarão curadas.

E acrescentou: — O Maior Pastor levará todas as ovelhinhas obedientes para um lugar extraordinário que só ele conhece: um lugar com relva macia, jardim florido, árvores carregadas de frutas.

Um lugar onde ninguém ficará doente e onde todos viverão felizes!

O maior Pastor é cheio de caridade e, quando chegar, seus raios de luz iluminarão a todos.

**Reflexão:** *Mudar para bem melhor, mudar para merecer. Abraçar o bom Jesus, no dia em que vai nascer.*

*Dar um pouco do que tenho a meu irmão que não tem. Falar bem de toda gente, não ofendendo ninguém.*

*E quando Jesus chegar, com seu amor e carinho, seremos os escolhidos para seguir seu caminho!*

# EIS QUE CONCEBERÁS E DARÁS À LUZ UM FILHO

**4º DOMINGO DO ADVENTO**
(Lc 1,26-38)

Naquele tempo, ²⁶o anjo Gabriel foi enviado por Deus a uma cidade da Galileia, chamada Nazaré, ²⁷a uma virgem, prometida em casamento a um homem chamado José. Ele era descendente de Davi e o nome da Virgem era Maria.

²⁸O anjo entrou onde ela estava e disse: "Alegra-te, cheia de graça, o Senhor está contigo!"

²⁹Maria ficou perturbada com essas palavras e começou a pensar qual seria o significado da saudação.

³⁰O anjo, então, disse-lhe: "Não tenhas medo, Maria, porque encontraste graça diante de Deus. ³¹Eis que conceberás e darás à luz um filho, a quem porás o nome de Jesus. ³²Ele será grande, será chamado Filho do Altíssimo, e o Senhor Deus lhe

dará o trono de seu pai Davi. [33]Ele reinará para sempre sobre os descendentes de Jacó, e o seu reino não terá fim"

[34]Maria perguntou ao anjo: "Como acontecerá isso, se eu não conheço homem algum?"

[35]O anjo respondeu: "O Espírito virá sobre ti, e o poder do Altíssimo te cobrirá com sua sombra. Por isso, o menino que vai nascer será chamado Santo, Filho de Deus. [36]Também Isabel, tua parenta, concebeu um filho na velhice. Este já é o sexto mês daquela que era considerada estéril, [37]porque para Deus nada é impossível".

[38]Maria, então, disse: "Eis aqui a serva do Senhor; faça-se em mim segundo a tua palavra!"

E o anjo retirou-se.

## O QUARTO PASTOR

Tiago era um pequeno pastor; tinha apenas cinco anos, mas sabia ajudar o pai, levando os carneiros e as ovelhas para comerem a relva macia que crescia no alto da montanha.

E lá ia sempre o menino cantando:

"Estou feliz!

Muito feliz! Meu coração assim me diz..."

Os carneirinhos saltitavam, comiam e dormiam sossegadamente, enquanto Tiago, deitado na relva, olhava as grandes nuvens que se desmanchavam formando figuras diversas; ao longe as montanhas azuis pareciam gigantes a vigiarem a região majestosa.

Tiago dava gostosas gargalhadas, vendo as diabruras dos carneiros que tentavam virar cambalhotas.

A brisa gostosa que soprava embalou o pastorzinho que sentiu os olhos fic rem pesados, e aos poucos... adormeceu.

"Dorme, dorme, meu menino, que o bom anjo está a olhar.

Lindos sonhos de amor muita paz irão lhe dar."

Um bom tempo passou. Tiago acordou com o eco da voz de seu pai que o chamava:

— Tiago! Tiago!

Num segundo, o menino levantou-se e, horrorizado, viu que uma ovelhinha estava bem perto do precipício, quase caindo.

O menino correu, segurou-a nos braços e ia seguir quando ouviu novamente a voz do pai, que dizia:

— Pare!

Tiago parou no mesmo instante; um pé para a frente, outro para trás e a ovelhinha nos braços. Tiago parecia uma estátua viva!

Seu pai, nervoso, aproximou-se dele e o puxou rapidamente. Tiago estava pisando numa terra fofa, prestes a correr montanha abaixo.

Tiago foi salvo da morte porque obedeceu imediatamente ao pai, mais um passo e seria fatal!

Depois do susto, Tiago abraçou seu pai, o bom pastor, dizendo-lhe:

— Muito obrigado!

— Meu filho, sua obediência é que o salvou. Continue sempre assim.

**Reflexão:**
*Precisamos amiguinhos
ter sempre fé.
Muita fé.
A fé traz felicidade,
a fé de Maria e José.
Recebemos Jesus,
se as mensagens ouvidas,
diretrizes de amor,
forem por nós acolhidas.*

# ENCONTRARAM MARIA E JOSÉ E O RECÉM-NASCIDO

**NATAL DO SENHOR**
(Lc 2,15-20)

[15]Quando os anjos se afastaram, voltando para o céu, os pastores disseram entre si: "Vamos a Belém ver este acontecimento que o Senhor nos revelou".

[16]Os pastores foram às pressas a Belém e encontraram Maria e José, e o recém-nascido deitado na manjedoura.

[17]Tendo-o visto, contaram o que lhes fora dito sobre o menino. [18]E todos os que ouviram os pastores ficaram maravilhados com aquilo que contavam.

[19]Quanto a Maria, guardava todos esses fatos e meditava sobre eles em seu coração.

[20]Os pastores voltaram, glorificando e louvando a Deus por tudo o que tinham visto e ouvido, conforme lhes tinha sido dito.

## TEATRO DE SOMBRAS VIVAS

**Cenário:** Um lençol bem grande de casal, esticado, nos quatro lados, com ripas de madeira e pés para se formar no chão. Uma lâmpada de 200 watts a três passos do lençol, colocada num abajur sobre uma cadeira ou mesa. Papel celofane azul, amarelo, vermelho e verde, soltos, para distinguir o amanhecer, o meio-dia e a noite. Os celofanes ficarão à frente da lâmpada, sem encostar nela. Duas tiras de papel branco, onde estará escrito: na primeira, "Belém", e na segunda, "Hospedaria".

Uma manjedoura será colocada próxima à palavra "Belém". O burro e a vaca, ao lado da manjedoura (podem ser máscaras ou cabeças).

Uma criança, segurando uma estrela na ponta de uma vara, anda devagarinho e se coloca acima da manjedoura.

**Personagens:** Narrador, Arauto (fora do cenário), José, Maria grávida, Jesus (bebê de brinquedo ou de verdade), Estrela de Belém, pastores (dois, com um carneiro e uma ovelha), Anjo que aparece aos pastores e muitos anjos que dançam em redor de Jesus, Maria e José.

**Narrador:** O imperador Augusto publicou um decreto ordenando um recenseamento em todo o Império.

**Arauto:** Todas as pessoas têm de se registrar. Cada pessoa na cidade onde nasceu *(fala do lado de fora do cenário, celofane verde). (Retirar o papel verde e colocar o celofane amarelo).*

**Narrador:** Alguém sai da hospedaria, é o hospedeiro.

**Hospedeiro:** Só há vaga onde dormem o burro e a vaca. É limpinho. Podem ir!

**Narrador:** Maria e José ficam ao lado da manjedoura. Cai a noite *(coloca-se o papel azul à frente da lâmpada)*, surge a Estrela de Belém, que diz:

**Estrela:** Eu sou a Estrela de Belém. Vim iluminar o lugar onde vai nascer Jesus, o Rei dos homens *(ao longe toca um sino) (música: "Sino de Belém")*.

**Narrador:** Maria tira de dentro do manto Jesus e o põe na manjedoura, enfaixando-o com cuidado *(continua a música)*. Os pastores vinham andando com seus carneiros. Um anjo apareceu, dizendo-lhes:

**Anjo:** Glória a Deus nas alturas! Nasce o filho de Deus e de Maria. Ele vem para nos salvar *(mudar as cores dos papéis)*.

**Narrador:** Os pastores e os carneiros seguem em direção à Estrela. Surgem outros anjos cantando e dançando uma música de Natal. Todos se ajoelham, menos Maria, Jesus e José.

*(O presépio está armado e alegremente cantam: "Noite Feliz", mudar as cores do papel celofane.)*

**Reflexão:** *Jesus nascendo entre nós para dar a todos o poder de se tornarem filhos de Deus!*

# O MENINO CRESCIA CHEIO DE SABEDORIA

**SAGRADA FAMÍLIA DE JESUS, MARIA E JOSÉ**
(Lc 2,22-40)

²²Quando se completaram os dias para a purificação da mãe e do filho, conforme a Lei de Moisés, Maria e José levaram Jesus a Jerusalém, a fim de apresentá-lo ao Senhor. ²³Conforme está escrito na Lei do Senhor: "Todo primogênito do sexo masculino deve ser consagrado ao Senhor". ²⁴Foram também oferecer o sacrifício — um par de rolas ou dois pombinhos — como está ordenado na Lei do Senhor.

²⁵Em Jerusalém, havia um homem chamado Simeão, o qual era justo e piedoso, e esperava a consolação do povo de Israel. O Espírito Santo estava com ele ²⁶e lhe havia anunciado que não morreria antes de ver o Messias que vem do Senhor.

²⁷Movido pelo Espírito, Simeão foi ao Templo. Quando os pais trouxeram o menino Jesus para cumprir o que a Lei ordenava, ²⁸Simeão tomou o menino nos braços e bendisse a Deus: "Agora, Senhor, conforme a tua promessa, podes deixar teu servo partir em paz; ³⁰porque meus olhos viram a tua salvação, ³¹que preparaste diante de todos os povos: ³²luz para iluminar as nações e glória do teu povo Israel".

³³O pai e a mãe de Jesus estavam admirados com o que diziam a respeito dele.

³⁴Simeão os abençoou e disse a Maria, a mãe de Jesus: "Este menino vai ser causa tanto de queda como de reerguimento para muitos em Israel. Ele será um sinal de contradição. ³⁵Assim serão revelados os pensamentos de muitos corações. Quanto a ti, uma espada te traspassará a alma".

³⁶Havia também uma profetisa, chamada Ana, filha de Fanuel, da tribo de Aser. Era de idade muito avançada; quando jovem, tinha sido casada e vivera sete anos com o marido. ³⁷Depois ficara viúva, e agora já estava com oitenta e quatro anos. Não saía do Templo, dia e noite servindo a Deus com jejuns e orações. ³⁸Ana chegou nesse momento e pôs-se a louvar a Deus e a falar do menino a todos os que esperavam a libertação de Jerusalém.

<sup>39</sup>Depois de cumprirem tudo, conforme a Lei do Senhor, voltaram à Galileia, para Nazaré, sua cidade.
<sup>40</sup>O menino crescia e tornava-se forte, cheio de sabedoria; e a graça de Deus estava com ele.

# A SAGRADA FAMÍLIA

## (Bate-papo)

**Animadora:** Quem são os membros da Sagrada Família?

**Lado A:** Jesus, Maria e José.

**Animadora:** Por que Deus escolheu uma estrebaria para Jesus nascer?

**Lado B:** Para dar ao mundo uma lição de humildade.

**Animadora:** Por que Maria chamou seu Filho de Jesus?

**Lado A:** Foi o nome que o anjo deu a Maria, quando lhe anunciou que ela ia ser mãe.

**Animadora:** Que significa a palavra Jesus?

**Lado B:** Significa "Deus salva".

**Animadora:** Quais foram as primeiras visitas?

**Lado A:** Os pastores, avisados por uma voz gloriosa e por um coral de anjos.

**Animadora:** Jesus, ao nascer, foi somente visitado por pastores?

**Lado B:** Não. Três sábios vieram de longe para adorar o Rei que havia nascido em Belém.

**Animadora:** Que presentes trouxeram?

**Lado A:** Ouro, incenso e mirra.

**Animadora:** Por quê?

**Lado B:** Ouro, porque o veneravam como Rei. Incenso, porque acreditavam que ele era Deus. Mirra, porque Jesus ia sofrer muito.

**Animadora:** Saindo de Belém, onde Jesus nascera, para onde foi a Sagrada Família?
**Lado A:** Foram para o Egito, mais tarde vieram para Nazaré, perto do Mar da Galileia.
**Animadora:** Que fazia José, o pai adotivo de Jesus?
**Lado B:** Era carpinteiro. Fazia objetos de madeira.
**Animadora:** Quem eram os amigos de Jesus?
**Lado A:** Os pastores da montanha, os pescadores do Mar da Galileia e os amigos das fazendas.
**Animadora:** Em que livro podemos ler a história de Jesus.
**Lado B:** Na Bíblia Sagrada.
**Animadora:** Vocês gostariam de ser parecidos com Jesus?
**Lado A:** Sim!
**Animadora:** O que precisa fazer para ser seu amiguinho?
**Todos:** Amar a Deus, amar as pessoas e a natureza. Ser humilde. Ser obediente. Estudar e brincar.

*(Canto: "Oração da Família", do padre Zezinho.)*

**Reflexão:** *Uma família unida preocupa-se com seus membros. Todos se unem para trabalhar pelo bem-estar de cada um. Família cristã é aquela que se esforça por ser igual à Sagrada Família de Nazaré: sempre unida na pobreza, no sofrimento, na alegria, no amor e na fé.*

# MARIA DÁ AO MUNDO CRISTO, NOSSA PAZ

**SOLENIDADE DE SANTA MARIA, MÃE DE DEUS**
(Lc 2,16-21)

Naquele tempo, [16]os pastores foram às pressas a Belém e encontraram Maria e José, e o recém-nascido deitado na manjedoura.

[17]Tendo-o visto, contaram o que lhes fora dito sobre o menino. [18]E todos os que ouviram os pastores ficaram maravilhados com aquilo que contavam.

[19]Quanto a Maria, guardava todos esses fatos e meditava sobre eles em seu coração.

[20]Os pastores voltaram, glorificando e louvando a Deus por tudo o que tinham visto e ouvido, conforme lhes tinha sido dito.

[21]Quando se completaram os oito dias para a circuncisão do menino, deram-lhe o nome de Jesus, como fora chamado pelo anjo antes de ser concebido.

## AS DUAS ESCADAS

Que coisa estranha! No alto da árvore, de grossos galhos, havia um formigueiro. Lá as formigas viviam felizes sem serem incomodadas por ninguém. No formigueiro, todos irradiavam paz, alegria, felicidade.

Era o formigueiro do amor, onde os passarinhos vinham cantar dando seu bom-dia às formiguinhas; as abelhas traziam a cera e o mel delicioso e nutritivo, e as borboletas dançavam no ar.

Todas as formigas do mundo queriam ir para o formigueiro da grande árvore. Havia no entanto uma questão a ser resolvida: como fariam para chegar ao formigueiro?

Certa manhã, uma correição de formigas chegou até as raízes da árvore e gritou:

— Queremos subir!

— Queremos subir!

— Queremos subir!

Chiquinha, uma formiga carinhosa, lá do alto, convidou as formigas a subirem, pois havia uma grande escada vermelha, ligando a terra ao formigueiro do amor.

— Subam, dizia Chica.

No final da escada vermelha estava o Formigão Sereno, o juiz das formigas, muito preocupado:

— Quantas coisas erradas vocês fizeram. Vocês se afastaram tanto de mim... Por quê?

As formiguinhas começaram a subir a escada vermelha: pé cá, pé lá, pé cá, pé lá, e de repente: tibumba! Todas caíram no chão.

Chiquinha, lá do alto, muito aflita, apontou então a segunda escada. Era uma escada muito branca que tinha nas alturas uma formiguinha linda, com seus trajes brancos e azuis. Chama-se Míriam, a formiga-mãe.

Com meiguice, Míriam perguntou ao Formigão Sereno:

— Posso ajudar as pobres formiguinhas?

Vendo que Sereno sorria para ela balançando a cabeça, Míriam abriu os braços e disse:

— Subam!

E lá se foram as formiguinhas: pé cá, pé lá, pé cá, pé lá.

E dessa vez conseguiram o que queriam, porque Míriam não deixava que elas caíssem.

Já no formigueiro acolhedor, as formiguinhas bateram palmas para Míriam:

— Obrigada, Míriam.

— Você é poderosa!

— Você tem bondade no coração!

— Você nos perdoou!

— Você permitiu que nós subíssemos para o Reino do Amor.

# NO TEMPO DE MARIA

*(Toda vez que ocorrer o nome **Maria**, a animadora dará um sinal, de forma que as crianças — não a animadora — falem este nome.)*

**Maria** era a mais simples, a mais humilde, a mais modesta de todas as mulheres.

Rezava **Maria** no Livro dos Salmos, que era o livro oficial e particular de todo o povo de Israel. Os salmos são orações misteriosas e lindíssimas que **Maria** repetia em sua modesta casinha de Nazaré ou nas festas do templo.

**Maria** usava a cabeça coberta com um lenço, vestia túnica até o tornozelo, amarrada na cintura com um cinto ou cordão.

As sandálias de **Maria** eram de couro, com sola de madeira; eram usadas fora de casa, para a visita ao templo.

A casa de **Maria** certamente era assim: um compartimento ao nível do chão, onde eram guardadas as ovelhas, as cabras e os burros.

Um degrau levava **Maria** ao compartimento principal, onde se dormia e se faziam as refeições.

Em um dos cantos encontrava-se o fogão de barro com várias bocas.

Encostados às paredes, grandes vasos de azeite e tigelas para guardarem figos e trigo. Ao lado, um baú de noivado, com as roupas de festa, as melhores.

Nas paredes, colocavam-se as peneiras. Na janela, o caldeirão para amassar o pão. Dependuravam roupas em barbantes e sobre cantoneiras de barro as colheres, as lamparinas e tudo o mais.

À noite, **Maria** estendia as esteiras no chão e preparava os leitos.

O pátio era a parte mais importante da casa, com depósito de cereais e outro para galinhas.

Certamente era aí que **Maria** moía o trigo.

Nesse pátio, havia a oficina de carpintaria. José e mais tarde Jesus trabalhavam nesse pátio.

**Maria** moía o trigo na máquina a mão. **Maria** fazia a farinha e depois o pão. **Maria** cuidava do forno para que não se apagasse e ia apanhar gravetos para manter o fogo aceso.

O pão era o alimento principal, mas às vezes **Maria** juntava azeitonas, figos e tâmaras

**Maria** ia buscar água no cântaro: colocava uma argola de pano na cabeça e sobre ela o cântaro. A água era conseguida fora de casa, na fonte.

**Maria** lavava a roupa e passava com uma argola de ferro. Como trabalhava **Maria**!

Com certeza, Jesus muitas vezes deve ter contemplado **Maria** durante seu trabalho.

Com certeza, Jesus muitas vezes rezou com **Maria** salmos como este *(todos repetem o salmo):*

"Senhor, nosso soberano, como é admirável teu nome sobre a terra".

> **Reflexão** *O primeiro dia do ano é dedicado a Maria, Mãe de Deus e nossa. Com ela rezaremos pela paz no mundo, porque ela é a Rainha da Paz, sendo mãe de Jesus, que é o Príncipe da Paz.*
>
> *Não basta porém rezar pela Paz: é preciso que façamos todo possível para preservar e defender a paz em nosso meio.*

# VIEMOS ADORAR O SENHOR!

### EPIFANIA DO SENHOR
### (Mt 2,1-12)

[1]Tendo nascido Jesus na cidade de Belém, na Judeia, no tempo do rei Herodes, eis que alguns magos do Oriente chegaram a Jerusalém, [2]perguntando: "Onde está o rei dos judeus, que acaba de nascer? Nós vimos sua estrela no Oriente e viemos adorá-lo".

[3]Ao saber disso, o rei Herodes ficou perturbado, assim como toda a cidade de Jerusalém.

[4]Reunindo todos os sacerdotes e os mestres da Lei, perguntava-lhes onde o Messias deveria nascer.

[5]Eles responderam: "Em Belém, na Judeia, pois assim foi escrito pelo profeta: [6]E tu, Belém, terra de Judá, de modo algum és a menor entre as principais cidades de Judá, porque de ti sairá um chefe que vai ser o pastor de Israel, o meu povo".

[7]Então Herodes chamou em segredo os magos e procurou saber deles cuidadosamente quando a estrela tinha aparecido. [8]Depois os enviou a Belém, dizendo: "Ide e procurai obter informações exatas sobre o menino. E, quando o encontrardes, avisai-me, para que também eu vá adorá-lo".

[9]Depois que ouviram o rei, eles partiram. E a estrela, que tinham visto no Oriente, ia adiante deles, até parar sobre o lugar onde estava o menino.

[10]Ao verem de novo a estrela, os magos sentiram uma alegria muito grande. [11]Quando entraram na casa, viram o menino com Maria, sua mãe. Ajoelharam-se diante dele, e o adoraram. Depois abriram seus cofres e lhe ofereceram presentes: ouro, incenso e mirra.

[12]Avisados em sonho para não voltarem a Herodes, retornaram para a sua terra, seguindo outro caminho.

## UNIÃO EM TORNO DE JESUS

Ao redor da gruta onde Maria e José esperavam o bebê que iria nascer, havia três canteiros com flores belíssimas: o primeiro, de rosas brancas, o segundo, de rosas amarelas e o terceiro, de rosas negras.

— Borboleta colorida, leve-me para dentro da gruta, quero ver a criancinha nascer — disse uma flor bem branquinha.

— Borboleta de bolinhas, eu também quero ir — reclamou uma das flores negras.

— Borboleta listradinha, veja como sou bela! Quero enfeitar o presépio!

As borboletas prestativas atenderam o pedido das belas flores e a gruta cobriu-se de cores, perfumes e muita alegria.

O bebê já havia nascido! Era 6 de janeiro e Jesus nasceu no dia 25 de dezembro. Maria e José apresentaram o filho de Deus, o salvador do mundo.

Os carneirinhos deram ao bebê muita lã para aquecê-lo. Os sábios, conhecidos por Reis Magos, trouxeram de seus países ouro, incenso e mirra, e as flores se uniram num grande ramalhete, formando um arco de três cores, unidos pelo amor de Jesus.

Nada de separação, de racismo e desunião. Jesus, mensageiro de Deus, quer que vivamos em UNIÃO e PAZ.

Que este novo ano seja de bênçãos a todos os que sofrem, de alegria para os que vivem tristes por causa de injustiças e humilhações, porque NÓS, de todas as raças, somos irmãos.

Vamos rezar o terço, todos os dias, suplicando à Mãe do céu a união dos cristãos. *Salve, Rainha ...*

# JESUS SE APRESENTA
## (Dramatização)

*Observação: Num canto, um presépio vivo com Jesus, Maria e José. Do outro lado, Herodes com dois soldados e dois sacerdotes. Uma criança representando a Estrela vem pelo centro da igreja, acompanhada pelos três magos com ricos presentes.*

**Narrador:** Jesus nasceu na cidade de Belém *(Maria embala o bebê, e todos cantam baixinho: "Noite Feliz")*. Herodes era o Rei *(este gesticula nervoso)*. Três homens do Oriente viram uma pequena estrela brilhando no céu. Eles a esperavam há muito tempo, pois ela anunciava o nascimento do Grande Rei. Os três, ricamente vestidos e com presentes na mão, seguiram a estrela *(a estrela corre e vai colocar-se no presépio; acende uma lanterna a pilha e ilumina Jesus)*. Os magos perguntam aos soldados:

**Magos:** Onde está o Menino que nasceu para ser Rei dos judeus? Queremos adorá-lo!

**Soldados:** Quem lhes disse isso?

**Magos:** A Estrela do Oriente.

**Herodes:** Parem! Esperem! Vou perguntar aos sacerdotes *(entram os sacerdotes)*. É verdade que vai nascer o Rei dos judeus?

**Sacerdotes:** Sim! Na cidade de Belém!

**Herodes:** *(esbraveja e diz aos magos)*: Sigam para Belém e procurem o Menino! Avisem-me, pois eu também quero adorá-lo *(saem os sacerdotes, os soldados e Herodes. A Estrela acompanha os Magos até o presépio)*.

**Narrador:** E assim os Magos se ajoelharam e ofereceram a Jesus seus dons. A seguir, cansados, dormiram. Em sonho, a Estrela os avisou para não voltarem a Herodes, porque este queria matar o Menino. E voltaram para a terra deles seguindo outro caminho.

*(Todos cantam: um canto apropriado.)*

---

**Reflexão** *Tudo a Jesus levaram os sábios do Oriente, com gestos de bondade, de coração ardente.*
*E nós, a Epifania vamos comemorar! A Jesus, hoje, queremos nosso coração dar.*

# EIS MEU FILHO MUITO AMADO; ESCUTAI-O, TODOS VÓS!

## O BATISMO
### (Bate-papo)

**BATISMO DO SENHOR**
(Mc 1,7-11)

Naquele tempo, [7]João Batista pregava, dizendo: "Depois de mim virá alguém mais forte do que eu. Eu nem sou digno de me abaixar para desamarrar suas sandálias. [8]Eu vos batizei em água, mas ele vos batizará com o Espírito Santo".
[9]Naqueles dias, Jesus veio de Nazaré da Galileia, e foi batizado por João no rio Jordão.
[10]E logo, ao sair da água, viu o céu se abrindo, e o Espírito, como pomba, descer sobre ele.
[11]E do céu veio uma voz: "Tu és o meu Filho amado, em ti ponho meu bem-querer".

**Grupo A:** Que é batismo?

**Grupo B:** É um Sacramento. Ele nos dá a vida de Deus.

**A:** Quais os primeiros cristãos a serem batizados?

**B:** Os primeiros cristãos só repetiam o batismo depois de longa preparação.

**A:** Qual a idade para ser batizado?

**B:** Os primeiros foram os adultos e, depois de muito tempo, as crianças.

**A:** Por quê?

**B:** Porque assim eles recebiam a Vida de Deus.

**A:** Basta batizar para estarmos com Jesus em nossas vidas?

**B:** Muitas pessoas pensam que para ter a Vida de Deus precisam somente do batismo.

**A:** Isso então não é verdade?

**B:** Não. O batismo é a semente. Como todas as sementes, umas morrem e outras não.

**A:** Que se deve fazer, então?

**B:** Alguns batizados foram preguiçosos. Não adubaram suas sementes, não as regaram, e elas morreram.

**A:** Quem é que deve cuidar do Batismo colocado no coração das crianças?

**B:** São os pais e os padrinhos. Nós também somos responsáveis.

**A:** Como é que se cuida da semente do batismo?

**B:** Seguindo o bom caminho, dando exemplos de amor e caridade, rezando todos os dias, brincando com as crianças e não ficando horas e horas em frente à televisão.

**A:** Como se espalha a Vida de Deus?

**B:** Pelo exemplo bom que damos. Quem brinca com as coisas de Deus está jogando a semente do batismo no lixo.

**A:** Antigamente se sabia bem o valor do batismo?

**B:** Antigamente o batismo era uma lamparina. Agora é uma lâmpada elétrica que, acesa, nos faz enxergar melhor.

**Reflexão:** *Pelo batismo, tornamo-nos irmãos de Jesus Cristo e membros da Igreja, comprometidos na divulgação do amor e da fé.*

# PERMANECERAM COM ELE

### 2º DOMINGO DO TEMPO COMUM
#### (Jo 1,35-42)

Naquele tempo, [35]João estava de novo com dois de seus discípulos [36]e, vendo Jesus passar, disse: "Eis o Cordeiro de Deus!"

[37]Ouvindo essas palavras, os dois discípulos seguiram Jesus.

[38]Voltando-se para eles e vendo que o estavam seguindo, Jesus perguntou: "O que estais procurando?" Eles disseram: "Rabi (o que quer dizer: Mestre), onde moras?"

Jesus respondeu: "Vinde ver". Foram pois ver onde ele morava e, nesse dia, permaneceram com ele. Era por volta das quatro da tarde.

[40]André, irmão de Simão Pedro, era um dos dois que ouviram a palavra de João e seguiram Jesus. [41]Ele foi encontrar primeiro seu irmão Simão e lhe disse: "Encontramos o Messias" (que quer dizer: Cristo).

[42]Então André conduziu Simão a Jesus. Jesus olhou bem para ele e disse: "Tu és Simão, filho de João; tu serás chamado Cefas" (que quer dizer: Pedra).

## ONDE JESUS MORAVA?
### (Teatro)

**Narrador (e Assembleia):**
Vamos ouvir uma história que nos faz lembrar conselhos do Evangelho. Do Senhor, do Senhor. Muita atenção nas mensagens que ela traz.

Nossas histórias são de muito amor e paz. Lindas histórias falam de amor. Belos exemplos de nosso Pastor!

**Narrador:** João Batista estava andando com dois discípulos. Andando, andando, andando... João Batista vê Jesus aproximar-se e grita alegre:

**João Batista:** É Jesus!

**Narrador:** João Batista fala com os dois discípulos.

**João Batista:** É o Cordeiro de Deus!

**Narrador:** Os dois discípulos seguiram Jesus, andando, andando, andando. Jesus ouviu o que João Batista dissera e parou. Olhou para os dois discípulos e perguntou:

**Jesus:** O que vocês estão procurando?

**Dois discípulos:** Mestre, onde moras?

**Jesus:** Venham ver!

**Narrador:** Andando, andando, os três chegaram à casa de Jesus. Não era um palacete, nem uma mansão. Era um lugarzinho bem humilde.

**Discípulos:** Podemos passar um dia com o Senhor?

**Jesus:** Claro.

**Narrador:** Eles ficaram, com Jesus, o dia inteiro, até as quatro horas da tarde. Um dos dois discípulos era André, e o outro, Simão. A primeira pessoa que Jesus viu foi Simão.

**André para Simão:** Encontramos o Messias.

**Narrador:** Uma criança que ia passando fala:

**Criança:** Que quer dizer Messias?

**João Batista:** Messias quer dizer Cristo.

**Narrador:** Jesus olhou para Simão. Seu olhar era firme!

**Jesus:** Você é Simão, filho de João?

**Simão:** Sim, Mestre.

**Jesus:** Simão, você passará a se chamar Cefas.

**Criança:** Cefas? Que nome é esse?

**André:** Cefas quer dizer Pedra.

**Narrador:** E foi assim que Simão passou a ser chamado Pedro, de Pedra.

**Criança:** E foi assim que Jesus escolheu Pedro para ser o primeiro Papa da Igreja Católica.

> **Reflexão:** *Jesus quer ser amado e seguido por todos. Não é difícil encontrá-lo, porque ele mora em todos os lugares e especialmente em nosso coração. É importante prestarmos atenção ao que ele nos pede.*

# SEGUI-ME E EU FAREI DE VÓS PESCADORES DE HOMENS

### 3º DOMINGO DO TEMPO COMUM
(Mc 1,14-20)

¹⁴Depois que João Batista foi preso, Jesus foi para a Galileia, pregando o Evangelho de Deus e dizendo: ¹⁵"O tempo já se completou e o Reino de Deus está próximo. Convertei-vos e crede no Evangelho!"

¹⁶E, passando à beira do mar da Galileia, Jesus viu Simão e André, seu irmão, que lançavam a rede ao mar, pois eram pescadores.

¹⁷Jesus lhes disse: "Segui-me e eu farei de vós pescadores de homens".

¹⁸E eles, deixando imediatamente as redes, seguiram Jesus.

¹⁹Caminhando mais um pouco, viu também Tiago e João, filhos de Zebedeu. Estavam na barca, consertando as redes; ²⁰e logo os chamou. Eles deixaram seu pai Zebedeu na barca com os empregados, e partiram, seguindo Jesus.

## OS SEGUIDORES DE JESUS
(Dramatização)

**Personagens:** João Batista, Jesus, Simão, André, Tiago, João, e Zebedeu, dois policiais, seis crianças para fazerem a "prisão", crianças para fazerem o "Mar da Galileia".

**Narrador:** João Batista foi preso.

*(Dois policiais prendem João e o levam para a "prisão". Saem João Batista, os policiais e a "prisão". Jesus entra e demonstra tristeza.)*

**Narrador:** Jesus foi para a Galileia pregando o Evangelho.

**Jesus:** O reino de Deus está próximo. Sigam minhas palavras e meu exemplo. Acreditem no Evangelho.

**Narrador:** Jesus foi andando, andando à beira-mar na Galileia.

*(As crianças, com tiras de papel azul, agitam-nas como se fossem o mar.)*

**Narrador:** Jesus viu Simão e André, seu irmão, que lançaram a rede ao mar.

**Jesus:** Simão, André, sigam-me. Vocês serão pescadores de homens. Vocês contarão o que sou e levarão os homens a acreditarem no Evangelho.

**Narrador:** Caminharam juntos: Jesus, André e Simão. Mais adiante estavam Tiago e João. Jesus os vê. Fingem consertar a "rede". Jesus os chama.

**Jesus:** Tiago! João! Venham comigo também.

**Narrador:** Aproxima-se Zebedeu.

**André e Simão:** Venha, pai, venha ficar em nosso lugar. Eis a rede. Eis a barca.

**André:** Nós seguiremos este homem.

**Simão:** Este homem chama-se Jesus!

**Narrador:** Simão, André, Tiago e João vão atrás de Jesus.

*(Todos cantam alegremente, recebendo Jesus e seus seguidores.)*

---

**Reflexão:** *Você também, amiguinho, é chamado sempre por Jesus. Ele sabe seu nome. Ele precisa de você para ajudar os amigos, a mamãe, o papai, as professoras, os catequistas, os velhinhos pobres e doentes. Você deixa o conforto e as brincadeiras para correr ao encontro de quem, aflito, precisa de você? Se você atende o chamado de Jesus... Parabéns!*

# ENSINAVA COMO QUEM TEM AUTORIDADE

**4º DOMINGO DO TEMPO COMUM**
(Mc 1,21-28)

²¹Na cidade de Cafarnaum, num dia de sábado, Jesus entrou na sinagoga e começou a ensinar.

²²Todos ficavam admirados com seu ensinamento, pois ensinava como quem tem autoridade, não como os mestres da Lei.

²³Estava então na sinagoga um homem possuído por um espírito mau. Ele gritou: ²⁴"Que queres de nós, Jesus Nazareno? Vieste para nos destruir? Eu sei quem tu és: tu és o Santo de Deus".

²⁵Jesus o intimou: "Cala-te e sai dele!"

²⁶Então o espírito mau sacudiu o homem com violência, deu um grande grito e saiu.

> [27]E todos ficaram muito espantados e perguntavam uns aos outros: "O que é isto? Um ensinamento novo dado com autoridade: Ele manda até nos espíritos maus, e eles obedecem!"
>
> [28]E a fama de Jesus logo se espalhou por toda a parte, em toda a região da Galileia.

# O AMOR VENCE O ÓDIO

Manuela era uma menina malcriada, bagunceira, desarrumada e antipática.

Ninguém gostava dela. Pudera! Manuela não tomava banho, não escovava os dentes e não penteava os cabelos. Implicava com todas as crianças e ria quando elas se machucavam. Por isso, vivia sozinha.

Ir ao colégio? Qual nada!

Brincava sozinha com os brinquedos que quebrara: boneca sem braços, carro sem rodas, palhaço sem cabeça, livro rasgado e bicicleta enferrujada, que não andava mais.

Seus pais eram muito infelizes.

Um dia, Manuela viu sua nova vizinha, uma menina muito bonita, com uma boneca que sorria para ela. A menina era inglesa e não entendia nada do que Manuela dizia.

A menina só falava inglês. Manuela fez careta para a menina e lhe disse um nome feio. Lili, a inglesinha, achou graça da garota despenteada, com roupa amarrotada e sujo estava seu rosto.

Ah! Ah! Ah! E cumprimentou a menina Manuela, dizendo e batendo no peito:

— I am (ai eme) Lili.

Manuela correu. Lili correu atrás. Manuela entrou em casa. Lili também entrou.

Manuela olhou Lili e ela estava sorrindo.

Manuela desfranziu a testa. Lili abraçou-a. Manuela arregalou os olhos e começou a mostrar-lhe seus brinquedos quebrados e maltratados.

Lili achou muita graça no meio de tanta confusão e deu-lhe sua boneca, que cantava.

— Posso segurar mesmo? — disse a menina. — De verdade?

Com carinho, Manuela segurou a bonequinha e... sorriu para Lili.

Nesse momento, a raiva de Manuela transformou-se em amor. Brincou a tarde toda com Lili e ofereceu-lhe até café com leite, pão e manteiga.

À noitinha, quando Lili voltou para sua casa, já era amiga de Manuela.

Daí em diante, Manuela passou a imitar Lili e resolveu tomar banho, escovar os cabelos e os dentes, e andar sempre limpinha. Além disso, aprendera com Lili a sorrir e até a falar inglês.

— I love you (ai love iu) — disse Manuela a Lili.

E esta respondeu-lhe, já em português:

— Eu também gosto de você!

---

**Reflexão:** *Pois é, amiguinhos, a delicadeza afasta a brutalidade, o sorriso afasta as caras zangadas, a amabilidade afasta a agressividade, e o AMOR faz o ÓDIO desaparecer, do mesmo modo que a bondade faz a maldade sumir.*

# MEUS OLHOS VIRAM TUA SALVAÇÃO

## FESTA DA APRESENTAÇÃO DO SENHOR
### (Lc 2,22-40)

[22]Quando se completaram os dias para a purificação da mãe e do filho, conforme a lei de Moisés, Maria e José levaram Jesus a Jerusalém, a fim de apresentá-lo ao Senhor. [23]Conforme está escrito na lei do Senhor: "Todo primogênito do sexo masculino deve ser consagrado ao Senhor".

[24]Foram também oferecer o sacrifício — um par de rolas ou dois pombinhos — como está ordenado na Lei do Senhor. [25]Em Jerusalém, havia um homem chamado Simeão, o qual era justo e piedoso, e esperava a consolação do povo de Israel. O Espírito Santo estava com ele [26]e lhe havia anunciado que não morreria antes de ver o Messias que vem do Senhor.

[27]Movido pelo Espírito, Simeão veio ao Templo. Quando os pais trouxeram o menino Jesus para cumprir o que a Lei ordenava, [28]Simeão tomou o menino nos braços e bendisse a Deus: [29]"Agora, Senhor, conforme a tua promessa, podes deixar teu servo partir em paz; [30]porque meus olhos viram a tua salvação, [31]que preparaste diante de todos os povos: [32]luz para iluminar as nações e glória do teu povo Israel".

[33]O pai e a mãe de Jesus estavam admirados com o que diziam a respeito dele. [34]Simeão os abençoou e disse a Maria, a mãe de Jesus: "Este menino vai ser causa tanto de queda como de reerguimento para muitos em Israel. Ele será um sinal de contradição. [35]Assim serão revelados os pensamentos de muitos corações. Quanto a ti, uma espada te traspassará a alma".

[36]Havia também uma profetisa, chamada Ana, filha de Fanuel, da tribo de Aser. Era de idade muito avançada; quando jovem, tinha sido casada e vivera sete anos com o marido. [37]Depois ficara viúva, e agora já estava com oitenta e quatro anos. Não saía do Templo, dia e noite servindo a Deus com jejuns e orações. [38]Ana chegou nesse momento e pôs-se a louvar a Deus e a falar do menino a todos os que esperavam a libertação de Jerusalém.

[39]Depois de cumprirem tudo, conforme a Lei do Senhor, voltaram à Galileia, para Nazaré, sua cidade. [40]O menino crescia e tornava-se forte, cheio de sabedoria; e a graça de Deus estava com ele.

## JESUS É APRESENTADO NO TEMPLO DE JERUSALÉM

Como era de costume naquela época, os meninos deveriam ser levados pelos pais à Igreja, a fim de serem apresentados e consagrado a Deus.

Assim, Jesus foi levado por Maria e José, obedecendo à Lei de Moisés.

Na Lei de Moisés estava escrito que todo primeiro filho (menino) deve ser consagrado a Deus, na Igreja. Por esta ocasião, deve ser oferecido em sacrifício um par de rolas ou de pombinhas.

Na época da Apresentação de Jesus, havia um homem muito bom, justo e piedoso, chamado Simeão. Ele era idoso, mas tinha certeza que não morreria antes de ver o Menino Jesus, a "Luz" do Mundo, que nasceria em breve!

Simeão esperava com paciência esse momento, pois o Divino Espírito Santo fizera para ele esta revelação: Você só morrerá depois de ver Jesus Cristo.

Simeão aguardou esse momento, pacientemente...

Certo dia, o Divino Espírito Santo segredou-lhe:

— Vem, Simeão, ao Templo, porque chegou a hora que você tanto esperava: Jesus será apresentado por Maria e José.

Simeão obedeceu.

E, no templo, depois do rito da lei, Simeão aproximou-se do menino. Tomou-o nos braços e, emocionado, falou:

— Agora, meu Deus, eu posso morrer em paz, porque pude ver o Menino "Luz" que veio para iluminar as nações e para a glória de Israel.

# APRESENTAÇÃO DE JESUS

## (Dramatização)

**Personagens:** Maria, José, Jesus, Simeão, Ana, Narrador, uma voz.

**Narrador:** A Lei de Moisés dizia que se o primeiro filho fosse menino, deveria ser consagrado ao Senhor. Foi por isso que Maria e José levaram Jesus ao templo.

**Maria:** Vamos, José, vamos ao templo.

**José:** Sim, Maria, precisamos apresentar Jesus! Levaremos dois pássaros para sacrificá-los.

**Narrador:** E assim Maria e José puseram-se a caminho. Eles foram para...? *(Entra uma criança levando uma faixa branca, onde está escrito "Jerusalém").*

**Narrador:** Em Jerusalém, vivia o velho Simeão.

**Voz:** Simeão, Simeão, saia ao encontro de alguém para se chamar *Jesus*!

**Simeão:** Será ele o Salvador?

**Voz:** Sim! Vá ao templo! *(Entra outra criança com outro cartaz, onde está escrito "Templo").*

**Narrador:** Simeão vê Maria, José e o Menino, e corre ao encontro deles.

**Simeão:** É Jesus! É nosso Salvador!

**Narrador:** Simeão segura Jesus nos braços.

**Simeão:** Senhor, agora posso morrer em paz, pois vi o Salvador, que é a *Luz* do mundo!

**Narrador:** José e Maria ficaram admirados porque Simeão já sabia quem era Jesus. Simeão se aproxima de Maria e fala:

**Simeão:** Maria, esse menino será odiado e amado por muitos. E você sofrerá com isso.

**Narrador:** Simeão se retira e entra a profetisa Ana, uma velhinha muito simpática.

**Ana:** Obrigada, Senhor, pela vinda do Salvador da humanidade.

**Narrador:** Depois de tudo isso, Jesus, Maria e José voltaram para Nazaré. Foi lá que Jesus cresceu, se robusteceu e se preparou para proclamar a Boa Notícia da salvação da humanidade.

*(Terminar com um canto natalino.)*

# CRISTO TOMOU SOBRE SI NOSSAS DORES

### 5º DOMINGO DO TEMPO COMUM
#### (Mc 1,29-39)

Naquele tempo, [29]Jesus saiu da sinagoga e foi, com Tiago e João, para a casa de Simão e André.

[30]A sogra de Simão estava de cama, com febre, e eles logo contaram a Jesus.

[31]E ele se aproximou, segurou sua mão e ajudou-a a levantar-se. Então, a febre desapareceu; e ela começou a servi-los.

[32]À tarde, depois do pôr do sol, levaram a Jesus todos os doentes e os possuídos pelo demônio. [33]A cidade inteira se reuniu em frente da casa.

[34]Jesus curou muitas pessoas de diversas doenças e expulsou muitos demônios. E não deixava que os demônios falassem, pois sabiam quem ele era.

[35]De madrugada, quando ainda estava escuro, Jesus se levantou e foi rezar num lugar deserto.

[36]Simão e seus companheiros foram à procura de Jesus. [37]Quando o encontraram, disseram: "Todos estão te procurando".

[38]Jesus respondeu: "Vamos a outros lugares, às aldeias da redondeza! Devo pregar também ali, pois foi para isso que eu vim".

[39]E andava por toda a Galileia, pregando em suas sinagogas e expulsando os demônios.

## TUDO SE TRANSFORMOU

Naquele dia, Roberto não apareceu na escola.

— O que teria acontecido? — perguntava D. Vera, a professora. — Será alguma coisa grave?

— Se a senhora permite, eu vou ver — falou Carlos.

Com a licença da professora, Carlos foi à casa de Roberto.

— Roberto está com pneumonia — disse sua mãe.

Carlos entristeceu-se ao ver seu colega de olhos fechados e

ardendo de febre. Roberto só tinha amigos, não apenas por ser estudioso, como também por ser gentil, simpático e generoso. Muito triste, Carlos voltou para a sala de aula.

— Que pena! Roberto ficou doente no dia da prova final!

— Que podemos fazer? — disseram os colegas.

E logo decidiram:

— Iremos à casa dele e levaremos flores em botões, para alegrá-lo!

— Que bom! — exclamou a professora Vera. — Eu também irei visitá-lo. Estou comovida com a generosidade de meus alunos. Meus parabéns.

E assim fizeram todos. Levaram flores em jarros, vasos de barro e cestas de vime. No dia seguinte, Roberto abriu os olhos e viu, admirado, seu quarto transformado num jardim, com as flores perfumando o ambiente. Eram rosas de todas as cores, margaridas brancas e amarelas, violetas, cravos... As flores eram mensagens de alegria, de amor e de carinho.

Roberto sentiu-se tocado pelo gesto dos colegas. Respirou fundo e levantou-se com a ajuda da mamãe.

— Que flores lindas, mãe!

— Sim, filho. Em cada uma delas está o carinho de seus colegas e o amor de Jesus por você.

E foi assim que Roberto logo se recuperou.

**Reflexão:** *É bom saber que não só os remédios, mas também o amor das pessoas, ajudam os doentes a recuperarem a saúde.*

# AS CURAS DE JESUS

## (Dramatização)

**Personagens:** Narrador, Jesus, Tiago, João, André, Simão, sogra, doentes, homens de espírito mau, multidão, criança com o cartaz, onde se lê "Galileia".

**Narrador:** Um dia, Jesus saiu e foi com André e Simão. A sogra de Simão estava com muita febre.

*(A sogra está sentada numa cadeira. Ela se encontra com muita febre.)*

**Uma pessoa da multidão:** A sogra de Simão está com muita febre!

**Jesus:** Dá-me tua mão, senhora!

**Narrador:** Jesus segurou a mão da senhora e ela se levantou, curada. A senhora serviu-lhes pão e vinho.

*(A senhora oferece de beber e de comer a todos os que aí estavam.)*

**Narrador:** À tarde, depois do pôr do sol, a multidão levou outros doentes e os possuídos pelos espíritos maus.

**Jesus:** Vocês estão curados!

**Narrador:** Jesus não deixou que as pessoas dominadas pelo espírito mau falassem. Elas sabiam quem era Jesus... Horas depois, Jesus se levantou e foi rezar no deserto.

*(Jesus anda na igreja e vai rezar em um canto; atrás dele seguiram Simão, André, Tiago, João e a multidão.)*

**Simão:** Eu vou contigo, Jesus.

**André:** Eu também!

**Simão:** Todos estão te procurando.

**Jesus:** Agora, eu vou a outros lugares.

**Simão Pedro:** Por quê?

**Jesus:** Eu vim para todos. Eu vim para servir. Eu vim para pregar o Evangelho.

*(Uma criança levanta o cartaz onde está escrito "Galileia".)*

**Multidão:** Ele faz milagres... Quem é ele?

**Uma voz:** Ele é poderoso! Ele é uma pessoa especial! Viva!

*(Todos cantam e se retiram.)*

# A COMPAIXÃO DE CRISTO PELOS EXCLUÍDOS

**6º DOMINGO DO TEMPO COMUM**
(Mc 1,40-45)

Naquele tempo, ⁴⁰um leproso chegou perto de Jesus e, de joelhos, pediu: "Se queres, tens o poder de curar-me".
⁴¹Jesus, cheio de compaixão, estendeu a mão, tocou nele e disse: "Eu quero: fica curado!".
⁴²No mesmo instante a lepra desapareceu e ele ficou curado.
⁴³Então Jesus o mandou logo embora, ⁴⁴falando com firmeza: "Não contes nada disso a ninguém! Vai, mostra-te ao sacerdote e oferece, pela tua purificação, o que Moisés ordenou, como prova para eles!"
⁴⁵Ele foi e começou a contar e a divulgar muito o fato. Por isso Jesus não podia mais entrar publicamente numa cidade; ficava fora, em lugares desertos. E de toda parte vinham procurá-lo.

## DOURADO, O CAVALO-MARINHO

Ele veio não sei de onde. Apareceu, um dia, na praia de Guarapari, no Espírito Santo.

Tudo isso porque estava muito cansado.

Com esforço, arrastou-se para o mar, carregando tudo o que achara na praia: pomada "passa dor", meias de lã, colírio para olhos doentes, pedaços de pão preto, um vidrinho de perfume e um grande lenço vermelho. Guardou seus achados na gruta onde morava e saiu para ver as novidades daquele lugar. Encontrou logo um jacaré chorando:

— Ai, ai, ai, meus olhos: não consigo abri-los... estão grudados.

Dourado, o cavalo-marinho, foi rápido à gruta e, de lá, trouxe o colírio que achara, colocando cinco gotas em cada olho do jacaré Chorão.

Dourado continuou a se movimentar no fundo do mar.

— Estou com fome!

Era a baleia Balofa que ia ter um filhote e não podia procurar alimento.

— Um momento, Balofa, vou buscar alguma coisa para você comer.

Fez o que disse, trazendo pão preto com algas marinhas.

— Que delícia de sanduíche! Quero mais! Quero mais!

Balofa ficou muito agradecida pela grande ajuda de Dourado.

O cavalo-marinho abanou a cauda, satisfeito com mais uma missão cumprida.

Agora, o cavalo-marinho precisa descansar: conheceu a filhinha Neném, visitou o jacaré Chorão, a tartaruga Molenga. Todos estavam felizes e ele ficou também feliz.

Voltou para a gruta, enrolou-se no grande lenço vermelho e dormiu o sono da paz.

**Reflexão:** *Não somos o Dourado, o cavalo-marinho, nem somos Jesus, que cura todos os males e nos dá a salvação, mas podemos e devemos ajudar o próximo, aquele que precisa de nós!*

# FILHO, TEUS PECADOS ESTÃO PERDOADOS

## 7º DOMINGO DO TEMPO COMUM
### (Mc 2,1-12)

[1]Alguns dias depois, Jesus entrou de novo em Cafarnaum. Logo se espalhou a notícia de que ele estava em casa.

[2]E reuniram-se ali tantas pessoas, que já não havia lugar, nem mesmo diante da porta. E Jesus anunciava-lhes a Palavra.

[3]Trouxeram-lhe, então, um paralítico, carregado por quatro homens. [4]Mas, não conseguindo chegar até Jesus, por causa da multidão, abriram então o teto, bem em cima do lugar onde ele se encontrava. Por essa abertura desceram a cama em que o paralítico estava deitado.

[5]Quando viu a fé daqueles homens, Jesus disse ao paralítico: "Filho, os teus pecados estão perdoados".

[6]Ora, alguns mestres da Lei, que estavam ali sentados, refletiam em seus corações: [7]"Como este homem pode falar assim? Ele está blasfemando; ninguém pode perdoar pecados, a não ser Deus".

[8]Jesus percebeu logo o que eles estavam pensando em seu íntimo, e disse: "Por que pensais assim em vossos corações? [9]O que é mais fácil: dizer ao paralítico: 'Os teus pecados estão perdoados', ou dizer: 'Levanta-te, pega a tua cama e anda?'

[10]Pois bem, para que saibais que o Filho do Homem tem, na terra, poder de perdoar pecados, — disse ao paralítico: — [11]eu te ordeno: levanta-te, pega tua cama, e vai para tua casa!"

[12]O paralítico então se levantou e, carregando a sua cama, saiu diante de todos. E ficaram todos admirados e louvavam a Deus, dizendo: "Nunca vimos uma coisa assim".

# JESUS PERDOA OS PECADOS
## (Jogral)

**Integrantes:** Narrador, Jesus, 4 homens trazendo o paralítico, Grupo A e Grupo B.

**Narrador:** Jesus em Cafarnaum:

**Grupo A:** A notícia se espalhou. Ele voltava para casa. Todo o mundo se agitou.

**Grupo B:** E veio gente e mais gente, era gente de montão. A porta nem se abria, não deixava a multidão.

**Narrador:** Veio então um paralítico.

**A:** Não andava mais... Coitado! Veio deitado na cama.

**Todos:** Cansado! Cansado! Cansado!

**Narrador:** Quatro homens o trouxeram.

**B:** Mas não puderam entrar, a multidão não deixava. Com Jesus, como falar?

**A:** Abriram então o teto e um buraco fizeram. Uma abertura bem grande e pelo buraco desceram.

**B:** Veio o homem, veio a cama, pelos amigos levados. Jesus pensou: Ele é bom homem, muito amado entre amados.

**Jesus:** Que farei por ele agora?

**Narrador:** Jesus pôs-se a falar.

**Jesus:** Já sei o que quer de mim.

**Todos:** Seus pecados perdoar.

**Narrador:** Alguns homens importantes ficaram

horrorizados: só Deus tem o poder para que os pecados sejam perdoados.

**Narrador:** Jesus leu os pensamentos.

**Jesus:** Vocês pensam muito errado. É mais fácil perdoar que fazer alguém curado!

**Narrador:** Jesus então disse logo:

**Jesus:** Levante-se, agora... Assim! Eu curo o que tem fé, e você tem fé em mim.

**Narrador:** E Jesus acrescentou:

**Jesus:** Merece cura e perdão. Quem tem uma grande fé conquista meu coração.

**Jesus:** Leve sua cama também.

**Narrador:** E o doente andou. Beijando as mãos de Jesus, sua cama levou. Em coro todos gritaram:

**Todos:** Viva Jesus Salvador!

*(Bem alto)* Jesus, o Filho de Deus, tem por nós muito amor!

**Reflexão:** *Se nossa fé em Jesus for mesmo grande, ele perdoará todas as nossas faltas e nos guardará sãos e salvos de todo perigo.*

*O que passou, passou: nós pecamos e Jesus nos perdoou. Ele abre para nós sempre novos caminhos, para nossa alegria.*

# JESUS, O ESPOSO MESSIÂNICO

### 8º DOMINGO DO TEMPO COMUM
### (Mc 2,18-22)

Naquele tempo, [18] os discípulos de João Batista e os fariseus estavam jejuando. Então, vieram dizer a Jesus: "Por que os discípulos de João e os discípulos dos fariseus jejuam, e os teus discípulos não jejuam?"

[19] Jesus respondeu: "Os convidados de um casamento poderiam, por acaso, fazer jejum, enquanto o noivo está com eles? Enquanto o noivo está com eles, os convidados não podem jejuar. [20] Mas vai chegar o tempo em que o noivo será tirado do meio deles; aí, então, eles vão jejuar.

[21] Ninguém põe um remendo de pano novo numa roupa velha; porque o remendo novo repuxa o pano velho e o rasgão fica maior ainda. [22] Ninguém põe vinho novo em odres velhos; porque o vinho novo arrebenta os odres velhos, e o vinho e os odres se perdem. Por isso, vinho novo em odres novos".

# ISTO É O MEU CORPO!
# ISTO É O MEU SANGUE!

Betinho era filho único, mas tinha muitos amigos, por ser gentil e bondoso. Sua casa estava sempre cheia de gente. Um dia, Betinho falou a sua mãe:

— Mamãe, posso convidar hoje uma turma para o almoço?

— Sim, filho! Quantos virão?

— Preciso de 12 amigos. Meninos e meninas.

Começaram os preparativos para o almoço. A mamãe foi legal em preparar uma mesinha farta de coisas simples, mas gostosas.

A turma dos meninos chegou bem antes do tempo e foram jogar bola com o Betinho. As meninas foram pontuais e chegaram todas juntas. Quando a hora chegou, Betinho levou a turma para a sala mais bonita da casa, que a mamãe tinha enfeitado com cortinas e flores.

A criançada estava muito alegre. Todos aguardavam o momento de sentar-se à mesa, pois estavam com fome.

— Agora — disse Betinho, — sentem-se no chão, ao redor desta mesinha!

O menino, com ares de mistério, colocou uma toalha de renda branca na mesa, uma caneca, os pães e o suco de groselha e serviu a todos, um de cada vez.

— Que é isso?

— Nova moda?

— Não. Estamos repetindo o que Jesus fez há muito tempo, com seus amigos. Primeiro, Ele conversou e depois comeu junto com eles.

— É bom ter amigos. É bom bater um papinho. É bom comer pão e beber groselha.

Betinho continuou com ares de mestre.

— Só que Jesus e os discípulos comeram um pão diferente deste.

— Era pão doce com creme?

— Não, Paola, era pão sem fermento, que se chama "ázimo".

— E tomaram também groselha?

— Não. Tomaram vinho, aliás muito gostoso.

— Repetimos então a Ceia de Jesus com os amigos?

— É verdade! Mas o Pão de Jesus era seu próprio Corpo, e o Vinho, seu próprio sangue.

— Como pode isso acontecer?

— Foi um milagre. O maior milagre de Jesus, e se chama Eucaristia.

# JESUS, SENHOR DO SÁBADO

**Cenário:** No chão, no corredor maior, entre os bancos, colocar papel verde, imitando uma plantação de trigo e espigas maduras. No altar, onde está Abiatar, uma bandeja ou uma cestinha com pães.

**Caracterização:** Túnicas de diversas cores (podem ser de papel crepom).

**Narrador** *(roupa atual)*: Jesus estava passando por um campo de trigo. *(Entram Jesus e seus apóstolos, olhando para a frente e para os lados, como à procura de alguma coisa.)*

Era dia de sábado, quando não se trabalhava. Os discípulos de Jesus viram as espigas e arrancaram-nas. *(Descem do altar os fariseus e vão ao encontro de Jesus.)*

**Fariseus:** Não é proibido colher espigas em dia de sábado? Por que teus discípulos fazem isso?

**Jesus:** Vocês não leram o que Davi e seus companheiros fizeram quando passavam fome

**Narrador:** Entra Abiatar na casa de Deus e põe-se a rezar. Chegam Davi e seus companheiros.

**Davi:** Vocês estão com muita fome. Eu sei.

**Narrador:** Davi dá um pão para cada companheiro e come um também.

**Companheiro de Davi:** Senhor, não é proibido a nós comermos destes pães?

*(Abiatar, Davi e companheiros retiram-se do altar. Jesus e os discípulos sobem para o altar e ficam de frente para os fiéis que participam da missa.)*

**Jesus:** O sábado foi feito para o homem, e não o homem para o sábado. Portanto...

**Todos:** Portanto, Jesus é Senhor também do sábado!

**Narrador:** No mesmo dia, Jesus encontrou um homem com a mão seca, sentado. Os fariseus olharam com atenção. Se ele curasse o homem, todos iriam acusá-lo.

**Jesus** *(para o homem da mão seca)***:** Levante-se!

**Narrador:** Jesus virou-se para todos os que ali estavam e falou:

**Jesus:** É proibido no sábado fazer o bem ou fazer o mal? Salvar uma vida ou deixá-la morrer?

**Narrador:** Jesus fica muito triste, porque todos eram duros de coração. Disse ao homem da mão seca:

**Jesus:** Estenda a mão!

**Homem da mão seca:** Estou curado!

**Narrador:** Sabem o que os fariseus fizeram? Foram até Herodes, para contar o que acontecera. Jesus seria morto.

*(Jesus abre os braços. Todos saem, menos os discípulos, que se ajoelham. Todos cantam um bonito canto de perdão, fazendo gestos.)*

---

**Reflexão:** *Na missa, ouvimos sempre as palavras de Jesus: "Isto é o meu Corpo!", "Isto é o meu Sangue!". O padre diz as palavras de Jesus e acontece o milagre, porque Jesus quer estar sempre conosco.*

# CONVERTEI-VOS E CREDE NO EVANGELHO

**1º DOMINGO DA QUARESMA**
(Mc 1,12-15)

Naquele tempo, ¹²o Espírito levou Jesus para o deserto. ¹³E ele ficou no deserto durante quarenta dias, e aí foi tentado por Satanás. Vivia entre animais selvagens, e os anjos o serviam.
¹⁴Depois que João Batista foi preso, Jesus foi para a Galileia, pregando o Evangelho de Deus e dizendo: ¹⁵"O tempo já se completou, e o Reino de Deus está próximo. Convertei-vos e crede no Evangelho!"

## A JUSTIÇA E A HONESTIDADE DO SENHOR JULIÃO

Julião era dono de uma fábrica de sapatos muito conhecida.

Os funcionários que trabalhavam nessa fábrica eram bem pagos, e, quanto mais produziam, mais dinheiro ganhavam. Além disso, recebiam alimentação na própria fábrica, que tinha um maravilhoso restaurante.

Um dia, Julião recebeu um novo secretário assistente: era um homem de voz mansa e de palavras muito bonitas.

— Ora, Julião, que bobagem gastar tanto para comprar material de primeira qualidade! Por que você quer fazer sapatos bons e fortes? O que você ganha com isso?

— Faço porque as pessoas gostam de coisas boas, e eu fico feliz em trabalhar com material de primeira qualidade.

— Ora, ora, os sapatos, assim, duram muito. Se o material fosse inferior, você venderia muito mais.

— Ai, ai, ai! Deixe de me dizer bobagens! Eu não vou enganar minha freguesia, que merece meu respeito e minha admiração. Não me tente.

— Olhe, Julião, descobri outra forma de você ganhar mais dinheiro. É só cortar a divisão de lucros com seus empregados. Você ficaria rico em pouco tempo!

— É melhor você ir cuidar de seu serviço! Pare com essas sugestões injustas e desumanas.

Por diversas vezes o secretário assistente, de voz mansa, tentou mudar a opinião do patrão. Senhor Julião, irritado com a insistência de seu secretário com propostas desonestas, disse-lhe:

— Chega, chega, chega! Arrume suas coisas e vá embora! Você está despedido!

A fábrica continua funcionando da mesma forma.

Essa fábrica existe em algum lugar deste Brasil.

Por acaso, vocês sabem onde ela fica?

**Reflexão:** *Como é bom seguirmos a voz de nosso coração e fazermos sempre o bem. Quem vence a tentação do mundo é sempre feliz e faz felizes todas as pessoas com quem convive.*

*Só vence a tentação da injustiça quem ama o próximo e respeita seus direitos.*

# DEUS NÃO QUER A MORTE, MAS A VIDA

## 2º DOMINGO DA QUARESMA
### (Mc 9,2-10)

Naquele tempo, ²Jesus tomou consigo Pedro, Tiago e João, e os levou sozinhos a um lugar à parte, sobre uma alta montanha. E transfigurou-se diante deles.

³Suas roupas ficaram brilhantes e tão brancas como nenhuma lavadeira sobre a terra poderia alvejar.

⁴Apareceram-lhe Elias e Moisés, e estavam conversando com Jesus.

⁵Então Pedro tomou a palavra e disse a Jesus: "Mestre, é bom ficarmos aqui. Vamos fazer três tendas: uma para ti, outra para Moisés e outra para Elias".

⁶Pedro não sabia o que dizer, pois estavam todos com muito medo.

⁷Então desceu uma nuvem e os encobriu com sua sombra. E da nuvem saiu uma voz: "Este é o meu Filho amado. Escutai o que ele diz!"

⁸E, de repente, olhando em volta, não viram mais ninguém, a não ser somente Jesus com eles.

⁹Ao descerem da montanha, Jesus ordenou que não contassem a ninguém o que tinham visto, até que o Filho do Homem tivesse ressuscitado dos mortos.

¹⁰Eles observaram esta ordem, mas comentavam entre si o que queria dizer "ressuscitar dos mortos".

## UMA FAMÍLIA FELIZ

Ari, José e Carlos foram à casa de Mário para estudar. A mãe do Mário, dona Arlete, arrumou uma sala com muito carinho, para as crianças estudarem.

Com muita dedicação, preparou um lanche bem gostoso.

— Poxa, Mário, como sua mãe é atenciosa!

— Minha mãe é muito mais que isso. Ela é minha mestra. Também tira minhas dúvidas, orienta-me nos trabalhos.

E assim, os quatro meninos estudaram um bom tempo e sentiram muita dificuldade numa atividade de matemática, porém, e a mamãe, dona Arlete, tinha saído para as compras. Foi quando seu Júlio chegou do trabalho.

— Boa tarde, crianças!

— Este é meu pai — disse Mário muito feliz. — Meu chapa, meu amigão, meu parceiro de peladas.

— Boa tarde! Boa tarde! — responderam todas as crianças.

— Papai, o senhor nos ajuda? Estamos com dificuldades.

Seu Júlio sentou-se ao lado dos meninos; juntos esclareceram as dúvidas, cumpriram suas tarefas. Todos ficaram muito felizes!

Chegou a hora da despedida e José agradeceu:

— Muito obrigado, seu Júlio. Obrigado, dona Arlete. Amei esta casa. Vocês mostraram para mim o que é uma família unida.

Ari concordou:

— É verdade! Esta casa tem magia. A gente entra aqui e não quer ir embora. É muito bom ficar com vocês. Hoje, aprendi uma grande lição: é tão simples e tão fácil *amar*.

Assim era toda a casa de Mário.

Todos os colegas de Mário queriam estudar lá porque se sentiam acolhidos, e o *Amor* que existia era tão grande que dava paz e tranquilidade para todos.

# A TRANSFIGURAÇÃO

### (Jogral)

**Grupo A:**
Transfiguração quer dizer
uma total transformação.
É o estado glorioso,
é a linda aparição
de Jesus a seus apóstolos,
no alto do Monte Tabor.
A Pedro, Tiago e João,
que lhe tinham muito amor.

**Grupo B:**
Lá em cima da montanha
Jesus se transfigurou.
Seu rosto brilhava muito,
mais lindo que o sol ficou.
Suas roupas, que beleza!
Também se modificaram.
Nunca se viu coisa igual,
a cor da neve ganharam.

**Grupo A:**
Moisés e Elias,
dois profetas apareceram.
Conversaram com Jesus,
a Jesus reconheceram.
Pedro disse a Jesus:
Vamos morar aqui?
Três tendas serão construídas
Lá, acolá e ali!

**Grupo B:**
Surgiu então uma nuvem
quando Pedro conversava.
Uma nuvem luminosa
que a todos ofuscava.
Do meio daquela nuvem,
uma voz se ouviu então:
"Meu filho devem segui ,
Ele é Jesus. Atenção!"

**Grupo A:**
Os apóstolos com medo
jogaram-se no chão.
Estavam os três confusos,
tremiam de emoção.

**Grupo B:**
Jesus então acalmou-os:
podem os três levantar.
Não tenham medo. Coragem!
Vamos todos caminhar.

**Grupo A:**
Não havia mais ninguém,
tinham desaparecido.
Só os apóstolos e Jesus,
Jesus, o mestre querido!

**Grupo B:**
Qual a mensagem de hoje?
Que devemos entender?

**Voz isolada:**
Jesus é Filho de Deus
Jesus é luz... é poder!

**Grupos A e B:**
Neste tempo de *Quaresma*,
que é tempo de oração,
vamos rezar pra *Jesus*,
que é nosso *Mestre* e *Irmão*!

**Reflexão:** *Na transfiguração de Jesus, os apóstolos ficaram contagiados com a paz que havia tomado conta deles.*
*Assim é em nossa vida, quando o amor de Jesus faz parte de nosso dia a dia, a transfiguração acontece e todos querem ficar perto de nós.*

# OS MANDAMENTOS, SINAIS DA ALIANÇA

### 3º DOMINGO DA QUARESMA
(Jo 2,13-25)

¹³Estava próxima a Páscoa dos judeus e Jesus subiu a Jerusalém.
¹⁴No Templo, encontrou os vendedores de bois, ovelhas e pombas e os cambistas que estavam aí sentados.
¹⁵Fez então um chicote de cordas e expulsou todos do Templo, junto com as ovelhas e os bois; espalhou as moedas e derrubou as mesas dos cambistas. ¹⁶E disse aos que vendiam pombas: "Tirai isso daqui! Não façais da casa de meu Pai uma casa de comércio!"
¹⁷Seus discípulos lembraram-se, mais tarde, que a Escritura diz: "O zelo por tua casa me consumirá".
¹⁸Então os judeus perguntaram a Jesus: "Que sinal nos mostras para agir assim?"
¹⁹Ele respondeu: "Destruí este Templo, e em três dias eu o levantarei".

²⁰Os judeus disseram: "Quarenta e seis anos foram precisos para a construção deste santuário e tu o levantarás em três dias?"

²¹Mas Jesus estava falando do Templo do seu corpo.

²²Quando Jesus ressuscitou, os discípulos lembraram-se do que ele tinha dito e acreditaram na Escritura e na palavra dele.

²³Jesus estava em Jerusalém durante a festa da Páscoa. Vendo os sinais que realizava, muitos creram no seu nome.

²⁴Mas Jesus não lhes dava crédito, pois ele conhecia todos; ²⁵e não precisava do testemunho de ninguém acerca do ser humano, porque ele conhecia o homem por dentro.

# FAMÍLIA, LUGAR SAGRADO

Depois de um dia de pesado trabalho, seu Francisco volta para casa com desejo de ter paz e de tomar um banho bem gostoso. Mas é que a paz estava bem longe de sua casa. Nela, só existia barulho de conversas, de torcida de futebol, de músicas em alto volume...

Seu Francisco, decepcionado, pegou o carro e se mandou para um lugar mais sossegado. Lá pela meia-noite, voltou esperançoso, mas o barulho continuava...

Cheio de tristeza, falou para a esposa:

— Querida Carlota, assim não dá. Temos de dar um jeito para que nossa casa deixe de ser tão barulhenta e nos proporcione um pouco de paz.

— Bom — respondeu dona Carlota. — Vamos ver se nossos filhos e nossa empregada colaboram

— Vou colaborar, seu Francisco — falou a empregada. — Vou comprar um fone para os ouvidos, para não fazer barulho.

— Eu vou arrumar um quartinho lá no fundo para conversar à vontade com minhas amiguinhas — falou a filha

— Ah!, papai, é tão bom recebermos aqui nossos amigos e conversar com eles todos juntos...

— Eu sei, f lho. Mas é que o lar é um lugar sagrado: precisamos de momentos para ficar unidos, conversa , rezar juntos...

— Eu acho que tem um jeito.

— Eu também acho — disse o outro filho — Podemos marcar dia e hora para os amigos e brincadeiras.

— Boa ideia! — disse dona Carlota. — Assim vocês poderão organizar o tempo para estudo e para brincadeiras.

— No dia da brincadeira, irei também brincar com vocês — disse seu Francisco.

— Nas horas de estudo, eu ajudarei vocês — disse dona Carlota.

— Ótimo! Ótimo! — disseram os filhos felizes

Foi dessa forma que seu Francisco, com sua sabedoria, conseguiu colocar cada coisa em seu lugar e transformar seu lar num ambiente agradável e acolhedor.

**Reflexão:** *Jesus, expulsando os vendilhões do templo, mostrou-nos que nossa vida precisa de limites e nossos direitos terminam onde começam os dos outros.*

*E foi isso que seu Francisco fez: mostrou a todos de sua família que os direitos de cada um, dentro do lar, não estavam sendo desrespeitados.*

# QUEM PRATICA A VERDADE VEM PARA A LUZ

**4º DOMINGO DA QUARESMA**
(Jo 3,14-21)

Naquele tempo, disse Jesus a Nicodemos: ¹⁴"Do mesmo modo como Moisés levantou a serpente no deserto, assim é necessário que o Filho do Homem seja levantado, ¹⁵para que todos os que nele crerem tenham a vida eterna. ¹⁶Pois Deus amou tanto o mundo, que deu o seu Filho unigênito, para que não morra todo o que nele crer, mas tenha a vida eterna.

¹⁷De fato, Deus não enviou o seu Filho ao mundo para condenar o mundo, mas para que o mundo seja salvo por ele.

¹⁸Quem nele crê, não é condenado, mas, quem não crê, já está condenado, porque não acreditou no nome do Filho unigênito.

¹⁹Ora, o julgamento é este: a luz veio ao mundo, mas os homens preferiram as trevas à luz, porque suas ações eram más.

²⁰Quem pratica o mal odeia a luz e não se aproxima da luz, para que suas ações não sejam denunciadas. ²¹Mas, quem age conforme a verdade, aproxima-se da luz, para que se manifeste que suas ações são realizadas em Deus.

## O BEM VENCE O MAL

Coisas interessantes acontecem numa cidade. As crianças pintam e enfeitam os muros para alegrar as pessoas. Os adultos ficam felizes ao verem as pinturas de seus filhos.

— Que beleza!
— Que imaginação!
— Quanta criatividade!

Mas, à noite, bem tarde, no silêncio e na escuridão, algumas crianças, com o coração cheio de inveja e maldade, cheio de ódio pelas pessoas e pela cidade, saíam pichando os muros, escrevendo palavrões, fazendo figuras horrorosas

Quando o dia chegava, todos os moradores da cidade ficav m tristes com os estragos feitos, mas... não desanimavam: pintavam o muro de branco e faziam outros desenhos mais lindos do que os primeiros.

À noite, a história se repetia.

Um dia, o prefeito da cidade, sabendo do que estava acontecendo, preparou uma armadilha bem em frente a um muro, um dos mais bonitos.

O grupo de homens que o prefeito arranjou fico escondido com imensas lâmpadas bem perto. Quando os meninos maus chegaram, todas as luzes se acenderam. Os garotos ficaram iluminados e, por incrível que pareça, se envergonharam. Tentaram esconder o rosto e correr... No entanto, para onde iam uma nova luz se acendia... Não tiveram saída. O jeito foi parar, para ver o que aconteceria.

Nesse momento, o prefeito apareceu e levou-os para a Prefeitura. Esperou o sol nascer e conduziu-os para a rua com muito material, a fim de que limpassem as sujeiras que tinham feito.

Os meninos da noite compreenderam que haviam cometido um grande e grave erro e se reuniram com os pequenos desenhistas para também encherem seus corações de alegria.

Até hoje, esses meninos estão por aí inventando desenhos lindos e trabalhando com muito capricho, a fim de demonstrarem a todos seu arrependimento, e alegrando todos os que passam por esses lugares.

---

**Reflexão:** *Que linda mensagem aprendemos, hoje! Jesus nos ensina que o bem vence o mal e que as pessoas que fazem o bem não têm medo da Luz. Aqueles que praticam o mal, de dia ou à noite, só trazem prejuízos, sofrimentos e muita tristeza aos que possuem puros seus corações.*

# ELEVADO NA TERRA, ATRAIREI TODOS A MIM

## 5º DOMINGO DA QUARESMA
(Jo 12,20-33)

Naquele tempo, [20]havia alguns gregos entre os que tinham subido a Jerusalém, para adorar durante a festa.

[21]Aproximaram-se de Filipe, que era de Betsaida da Galileia, e disseram: "Senhor, gostaríamos de ver Jesus".

[22]Filipe combinou com André, e os dois foram falar com Jesus.

[23]Jesus respondeu-lhes: "Chegou a hora em que o Filho do Homem vai ser glorificado. [24]Em verdade, em verdade, vos digo: Se o grão de trigo que cai na terra não morre, ele continua só um grão de trigo; mas, se morre, então produz muito fruto.

[25]Quem se apega a sua vida, perde-a; mas quem faz pouca conta de sua vida neste mundo, conservá-la-á para a vida eterna.

[26]Se alguém me quer seguir, siga-me, e onde eu estou estará também o meu servo. Se alguém me serve, meu Pai o honrará.

[27]Agora sinto-me angustiado. E que direi? 'Pai, livra-me desta hora?' Mas foi precisamente para esta hora que eu vim. [28]Pai, glorifica o teu nome!"

Então veio uma voz do céu: "Eu o glorifiquei e glorificarei de novo!"

[29]A multidão, que aí estava e ouviu, dizia que tinha sido um trovão. Outros afirmavam: "Foi um anjo que falou com ele".

[30]Jesus respondeu e disse: "Essa voz que ouvistes não foi por causa de mim, mas por causa de vós. [31]É agora o julgamento deste mundo. Agora o chefe deste mundo vai ser expulso, [32]e eu, quando for elevado da terra, atrairei todos a mim".

[33]Jesus falava assim para indicar de que morte iria morrer.

# RESSURREIÇÃO DE LÁZARO
### (Jogral)

**Grupo A:**
Lázaro, vocês sabem,
irmão de Marta e Maria,
ficou muito doente
e morreu por isso um dia.

**Grupo B:**
Jesus soube do fato
e Lázaro ressuscitou.
Jesus deu-lhe nova vida
e de pé ele ficou.

**Grupo B:**
Jesus é irmão, é amigo;
Jesus é bom e forte.
Ele tem grande poder,
Ele pode mais que a morte.

**Grupo A:**
Jesus agradeceu ao Pai,
o bom Deus tão generoso,
porque lhe dera as forças
e o fez tão poderoso.

**Grupos A e B:**
E todos acreditamos
que um dia nós também
vamos viver novamente
na glória de Deus. Amém!

**Grupo B:**
A multidão viu e ouviu
e em Jesus acreditou.
Só Jesus faria aquilo,
Lázaro ressuscitou.

**Grupo A:**
Com o milagre de Lázaro,
Jesus quis preparar,
quem nele acreditasse
pra também ressuscitar.

**Reflexão:** *O texto acima nos ajudou a compreender os acontecimentos da ressurreição de Lázaro, mas deve nos ajudar a compreender a mensagem de que nós também ressuscitaremos como Lázaro ressuscitou.*

# POR CRISTO, FOMOS RECONCILIADOS COM O PAI

### DOMINGO DE RAMOS
(Mc 15,1-39 ou, mais longo, Mc 14,1–15,47)

[1]Logo pela manhã, os sumos sacerdotes, com os anciãos, os mestres da Lei e todo o Sinédrio, reuniram-se e tomaram uma decisão. Levaram Jesus amarrado e o entregaram a Pilatos. [2]E Pilatos o interrogou: "Tu és o rei dos judeus?"

Jesus respondeu: "Tu o dizes".

[3]E os sumos sacerdotes faziam muitas acusações contra Jesus. [4]Pilatos o interrogou novamente: "Nada tens a responder? Vê de quanta coisa te acusam!"

[5]Mas Jesus não respondeu mais nada, de modo que Pilatos ficou admirado. [6]Por ocasião da Páscoa, Pilatos soltava o prisioneiro que eles pedissem. [7]Havia então um preso, chamado Barrabás, entre os bandidos, que, numa revolta, tinha cometido um assassinato.

[8]A multidão subiu a Pilatos e começou a pedir que ele fizesse como era costume. [9]Pilatos perguntou: "Vós quereis que eu solte o rei dos judeus?"

[10]Ele bem sabia que os sumos sacerdotes haviam entregado Jesus por inveja. [11]Porém, os sumos sacerdotes instigaram a multidão para que Pilatos lhes soltasse Barrabás.

[12]Pilatos perguntou de novo: "Que quereis então que eu faça com o rei dos judeus?"

[13]Mas eles tornaram a gritar: "Crucifica-o!"

[14]Pilatos perguntou: "Mas, que mal ele fez?"

Eles, porém, gritaram com mais força: "Crucifica-o!"

[15]Pilatos, querendo satisfazer a multidão, soltou Barrabás, mandou flagelar Jesus e o entregou para ser crucificado. [16]Então os soldados o levaram para dentro do palácio, isto é, o pretório, e convocaram toda a tropa.

[17]Vestiram Jesus com um manto vermelho, teceram uma coroa de espinhos e a puseram em sua cabeça. [18]E começaram a saudá-lo: "Salve, rei dos judeus!"

[19]Batiam-lhe na cabeça com uma vara. Cuspiam nele e, dobrando os joelhos, prostravam-se diante dele.

²⁰Depois de zombarem de Jesus, tiraram-lhe o manto vermelho, vestiram-no de novo com suas próprias roupas e o levaram para fora, a fim de crucificá-l

²¹Os soldados obrigaram um certo Simão de Cirene, pai de Alexandre e Rufo, que voltava do campo, a carregar a cruz. ²²Levaram Jesus para o lugar chamado Gólgota, que quer dizer "Calvário".

²³Deram-lhe vinho misturado com mirra, mas ele não tomou. ²⁴Então o crucificara   e repartiram as suas roupas, tirando a sorte, para ver que parte caberia a cada um.

²⁵Eram nove horas da manhã quando o crucificaram ²⁶E ali estava uma inscrição com o motivo de sua condenação: "O Rei dos Judeus". ²⁷Com Jesus foram crucificado  dois ladrões, um à direita e outro à esquerda.[28]

²⁹Os que por ali passavam o insultavam, balançando a cabeça e dizendo: "Ah! Tu, que destróis o Templo e o reconstróis em três dias, ³⁰salva-te a ti mesmo, descendo da cruz!"

³¹Do mesmo modo, os sumos sacerdotes, com os mestres da Lei, zombavam entre si, dizendo: "A outros salvou, a si mesmo não pode salvar! ³²O Messias, o rei de Israel... que desça agora da cruz, para que vejamos e acreditemos!"

Os que foram crucificados com ele também o insultavam

³³Quando chegou o meio-dia, houve escuridão sobre toda a terra, até as três horas da tarde.

³⁴Pelas três da tarde, Jesus gritou com voz forte: "Eloi, Eloi, lamá sabactâni?", que quer dizer: "Meu Deus, meu Deus, por que me abandonaste?"

³⁵Alguns dos que estavam ali perto, ouvindo-o, disseram: "Vejam, ele está chamando Elias!"

³⁶Alguém correu e embebeu uma esponja em vinagre, colocou-a na ponta de uma vara e lhe deu de beber, dizendo: "Deixai! Vamos ver se Elias vem tirá-lo da cruz". ³⁷Então Jesus deu um forte grito e expirou.

³⁸Nesse momento a cortina do santuário rasgou-se de alto a baixo, em duas partes. ³⁹Quando o oficia  do exército, que estava bem em frente dele, viu como Jesus havia expirado, disse: "Na verdade, este homem era Filho de Deus!"

# ORAÇÃO DAS CRIANÇAS

Jesus é a luz na Montanha. Jesus é a luz lá no mar. No deserto, no oásis, no rio a murmurar...

Ilumina meu caminho, na alegria e na dor, na doença e na saúde, porque Jesus é *Amor*!

Jesus ilumina o caminho, às vezes de sofrimento.

Não nos abandona nunca, Ele é nosso alimento!

Caminhando com Jesus, vemos que morreu na Cruz, sofrendo com ele é certo: Jesus! Jesus! Jesus!

Jesus sofreu... padeceu! Ele morreu por amor.

Morreu para viver em nós, dentro de nosso coração.

Depois de morrer na Cruz, depois de muito sofrer, Jesus foi para o Céu, Jesus tornou a *viver*...

Ele está sempre conosco, toda noite, todo dia. Jesus se dá para nós, na santa Eucaristia!

Ele cura! Ele salva!

Ele é *Paz*! É *Alegria*!

Estarei contigo, Jesus, com certeza! Algum dia...

# DEI-VOS O EXEMPLO PARA QUE FAÇAIS O MESMO

### QUINTA-FEIRA SANTA — CEIA DO SENHOR
(Jo 13,1-15)

[1]Era antes da festa da Páscoa. Jesus sabia que tinha chegado a sua hora de passar deste mundo para o Pai; tendo amado os seus que estavam no mundo, amou-os até o fim. [2]Estavam tomando a ceia. O diabo já tinha posto no coração de Judas, filho de Simão Iscariotes, o propósito de entregar Jesus. [3]Jesus, sabendo que o Pai tinha colocado tudo em suas mãos e que de Deus tinha saído e para Deus voltava, [4]levantou-se da mesa, tirou o manto, pegou uma toalha e amarrou-a na cintura. [5]Derramou água numa bacia e começou a lavar os pés dos discípulos, enxugando-os com a toalha com que estava cingido.

[6]Chegou a vez de Simão Pedro. Pedro disse: "Senhor, tu me lavas os pés?" [7]Respondeu Jesus: "Agora, não entendes o que estou fazendo; mais tarde compreenderás".

[8]Disse-lhe Pedro: "Tu nunca me lavarás os pés!" Mas Jesus respondeu: "Se eu não te lavar, não terás parte comigo". [9]Simão Pedro disse: "Senhor, então lava não somente os meus pés, mas também as mãos e a cabeça".

[10]Jesus respondeu: "Quem já se banhou não precisa lavar senão os pés, porque já está todo limpo. Também vós estais limpos, mas não todos".

[11]Jesus sabia quem o ia entregar; por isso disse: "Nem todos estais limpos".

[12]Depois de ter lavado os pés dos discípulos, Jesus vestiu o manto e sentou-se de novo. E disse aos discípulos: "Compreendeis o que acabo de fazer? [13]Vós me chamais Mestre e Senhor, e dizeis bem, pois eu o sou. [14]Portanto, se eu, o Senhor e Mestre, vos lavei os pés, também vós deveis lavar os pés uns dos outros. [15]Dei-vos o exemplo, para que façais a mesma coisa que eu fiz".

# A FONTE MARAVILHOSA

Entre grandes e inúmeras pedras, corria um riacho cantando sua música suave: chuá, chuá, chuá.

A fonte maravilhosa do riacho era cercada de grande vegetação. A água era cristalina, limpa, e atraía muitos amigos.

Borboletas de todas as cores, passarinhos de vários tamanhos cantavam, abelhinhas ligeiras não saíam de perto da fonte maravilhosa que recebia todos alegremente.

Um dia, as crianças descobriram aquele lugar acolhedor e fizeram ali seu ponto predileto para correr, jogar bola, pular corda, soltar pipa e brincar de roda: "Teresinha de Jesus, de uma queda foi ao chão..."

A fonte foi diminuindo, diminuindo, até secar por completo.

— Onde está nossa fonte? — perguntaram as crianças umas para as outras.

As abelhas deixaram de zumbir, os passarinhos de cantar e as borboletas de voar.

Todos estavam tristes e assim ficaram por muito tempo, até que o céu encheu-se de nuvens escuras e a chuva caiu, primeiro em grandes gotas e a seguir num forte aguaceiro.

Choveu muitos dias seguidos, a terra ficou bem molhada, as plantas lavadas e fresquinhas, e a fonte voltou, primeiro vertendo em fino fio d'água, depois cresceu e foi-se tornando novamente a fonte maravilhosa.

Assim que parou de chover, todos demonstraram alegria pela volta da amiga: os pássaros cantavam mais alegremente, as abelhinhas zumbiam felizes e as borboletas, sacudindo as asinhas, rodeavam a fonte maravilhosa, beijando as gotinhas que caíam nas pedras.

— Viva! A fonte maravilhosa voltou.

E felizes as crianças puseram-se a brincar e a cantar.

**Reflexão:** *Jesus, antes de morrer, deixou-nos a Eucaristia, que é o sacramento de seu Corpo e de seu Sangue. Isso permite ficar sempre em nosso meio, de maneira visível.*

# ELE DEVIA RESSUSCITAR DOS MORTOS

**PÁSCOA E RESSURREIÇÃO DO SENHOR**
(Jo 20,1-9)

¹No primeiro dia da semana, Maria Madalena foi ao túmulo de Jesus, bem de madrugada, quando ainda estava escuro, e viu que a pedra tinha sido tirada do túmulo.
²Então ela saiu correndo e foi encontrar Simão Pedro e o outro discípulo, aquele que Jesus amava, e lhes disse: "Tiraram o Senhor do túmulo, e não sabemos onde o colocaram".
³Saíram, então, Pedro e o outro discípulo, e foram ao túmulo. ⁴Os dois corriam juntos, mas o outro discípulo correu mais depressa que Pedro e chegou primeiro ao túmulo. ⁵Olhando para dentro, viu as faixas de linho no chão, mas não entrou.
⁶Chegou também Simão Pedro, que vinha correndo atrás, e entrou no túmulo. Viu as faixas de linho deitadas no chão ⁷e o pano que tinha estado sobre a cabeça de Jesus, não posto com as faixas, mas enrolado num lugar à parte.
⁸Então entrou também o outro discípulo, que tinha chegado primeiro ao túmulo. Ele viu, e acreditou.
⁹De fato, eles ainda não tinham compreendido a Escritura, segundo a qual ele devia ressuscitar dos mortos.

## O URSINHO BONI

Era uma vez um ursinho muito querido de todos: os ursos mais velhos, os mais novos, pinguins, focas, leões-marinhos e renas. Para todos ele tinha sempre uma palavra de amor e de carinho.

As flores do prado abriram suas corolas e se espichavam de lá para cá. Eram flores bem bonitas e perfumadas.

Boni, o ursinho, vivia feliz: conversava com um, cantava para outro, virava cambalhota para alegrar os ursinhos.

Certa vez, Boni desapareceu.

Onde estaria?

Todos o procuravam mas ninguém o achava.

— Que teria acontecido?

Boni não morrera. Ele tinha hibernado, protegendo-se do frio. Achara uma boa gruta e lá havia colocado muitos e muitos favos de mel. O frio foi chegando, chegando... e Boni encolheu-se no fundo da gruta. Parecia estar morto... Os amiguinhos choraram...

— Ele morreu!

E assim o tempo passou.

— Ele morreu mesmo. Coitado!

O inverno foi muito rigoroso e durou mais do que o costume. Até que um dia, o sol apareceu bem fraquinho, mas foi esquentando, dia após dia. Boni, lá no fundo da gruta, abriu devagar os olhos.

— Um! O sol apareceu. Vou comer o mel gostoso e depois sair por aí.

Ele fez o que dissera e, ainda com muito sono, abriu os olhos.

— Que lindas flores! Bom dia!

— Bom dia, ursinho, nós acabamos de nascer.

— Ah! Vocês são lindas.

— Bom dia, ursinho, nós somos seus novos amiguinhos, disseram outros ursinhos. — Eram pinguins, focas, leões-marinhos, renas e outros, festejando a nova vida do ursinho Boni. Ele viveu outra vez naquele lugar de amor e de paz.

---

**Reflexão:** *Boni hibernou. Morreu para a vida. Voltou para a vida mais tarde. E nós?*

*Amiguinhos, durante toda a nossa vida, precisamos sempre morrer para as coisas ruins e ressuscitar para as boas. Deus só quer nosso bem, então a vida eterna é cheia de paz, alegria, amor e felicidade!*

# PÁSCOA-PASSAGEM
## (Jogral)

**Lado A:** Jesus ressuscitou. Pulou do sepulcro e ganhou nova vida!

**Lado B:** Jesus venceu a morte e passou para a vida!

**Todos:** Páscoa é passagem.

**Lado A:** Jesus deixou a vida dos homens para viver a vida eterna.

**Lado B:** Jesus passou desta vida para a eternidade.

**Todos:** Páscoa é passagem.

**Lado A:** Jesus ensinou a vivermos o bem e a amarmos os irmãos.

**Lado B:** Jesus ensinou a passarmos do mal para o bem, do ódio para o amor.

**Todos:** Páscoa é passagem.

**Lado A:** Jesus ensinou a sairmos do comodismo e lutarmos pela justiça.

**Lado B:** Ele quer que passemos da escravidão e opressão para a libertação plena.

**Todos:** Páscoa é passagem.

**Lado A:** Jesus ensinou a sairmos da descrença e a caminharmos na fé.

**Lado B:** Ele quer que passemos da desconfiança para a confiança total em Deus.

**Todos:** Páscoa é passagem.

**Lado A:** Jesus ensinou que todos os homens são irmãos e filhos do mesmo Pai.

**Lado B:** Ele nos quer unidos como irmãos, lutando pelo bem e por nossa libertação.

**Todos:** Páscoa é mudança,
transformação,
vida nova,
libertação,
passagem.
Queremos viver em constante Páscoa!

# COMO O PAI ME ENVIOU, TAMBÉM EU VOS ENVIO

## 2º DOMINGO DA PÁSCOA
### (Jo 20,19-31)

[19]Ao anoitecer daquele dia, o primeiro da semana, estando fechadas, por medo dos judeus, as portas do lugar onde os discípulos se encontravam, Jesus entrou e, pondo-se no meio deles, disse: "A paz esteja convosco".

[20]Depois dessas palavras, mostrou-lhes as mãos e o lado. Então os discípulos se alegraram por verem o Senhor.

[21]Novamente, Jesus disse: "A paz esteja convosco. Como o Pai me enviou, também eu vos envio". [22]E, depois de ter dito isso, soprou sobre eles e disse: "Recebei o Espírito Santo. [23]A quem perdoardes os pecados, eles lhes serão perdoados; a quem os não perdoardes, eles lhes serão retidos".

[24]Tomé, chamado Dídimo, que era um dos doze, não estava com eles quando Jesus veio. [25]Os outros discípulos contaram-lhe depois: "Vimos o Senhor!" Mas Tomé disse-lhes: "Se eu não vir a marca dos pregos em suas mãos, se eu não puser o dedo nas marcas dos pregos e não puser a mão no seu lado, não acreditarei".

[26]Oito dias depois, encontravam-se os discípulos novamente reunidos em casa, e Tomé estava com eles. Estando fechadas as portas, Jesus entrou, pôs-se no meio deles e disse: "A paz esteja convosco".

[27]Depois disse a Tomé: "Põe o teu dedo aqui e olha as minhas mãos. Estende a tua mão e coloca-a no meu lado. E não sejas incrédulo, mas fiel".

[28]Tomé respondeu: "Meu Senhor e meu Deus!"

[29]Jesus lhe disse: "Acreditaste, porque me viste? Bem-aventurados os que creram sem terem visto!"

[30]Jesus realizou muitos outros sinais diante dos discípulos, que não estão escritos neste livro. [31]Mas estes foram escritos para que acrediteis que Jesus é o Cristo, o Filho de Deus, e, para que, crendo, tenhais a vida em seu nome.

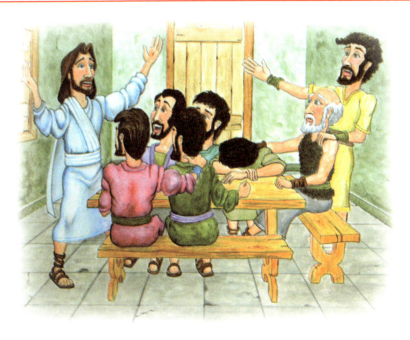

## VENCE... QUEM TEM FÉ!

Desde os quatro anos, Clarice dançava em seu humilde quartinho. Dançava com as vassouras, com o regador, com seu boneco de pano e com a bola colorida.

— Mãe! Quero ser bailarina!

Dona Marta sacudia a cabeça com tristeza, pensando: mais um sonho que não se realizaria.

Clarice cresceu e cresceu ainda mais o amor ao balé.

Conseguiu até ficar na pontinha dos pés: rodava, rodava, pulava, mexia os braços e as pernas com tanta beleza que todos paravam para vê-la.

— Mãe! Vou ser bailarina!
— Não é possível, filha, não temos condições...

Um dia, o pai mostrou-lhe um anúncio numa folha de jornal:

— "Concurso para bailarina-mirim no Teatro Municipal. Idade de sete aos dez anos. Venha inscrever-se".

Clarice ficou contentíssima e pediu a dona Marta que a levasse e fizesse sua inscrição.

— Minha filha, você vai sofrer porque será recusada...

— Qual nada, mãe! Vamos até lá.

Quatrocentas meninas inscreveram-se para trinta vagas. Entre elas, Clarice!

No dia da prova, Clarice foi classificada em primeiro lugar!

Poderia começar no dia seguinte, trazendo roupa própria e sapatilhas.

— E agora? Que fazer? Como comprar essas coisas sem dinheiro?

Clarice e dona Marta choraram no canto da escadaria do teatro. O sonho tinha acabado.

Clarice, porém, pensou em uma solução e correu em direção à professora que a examinara.

— A senhora não tem uma roupinha velha e sapatilhas usadas para emprestar-me? Sou muito pobre. Não poderei comprá-las.

A professora, madame Jaqueline, olhou-a atentamente e seus olhos encheram-se de lágrimas.

— Eu vou ajudá-la, Clarice. Você tem talento. Tenho fé em você.

E foi assim que Clarice, com sua fé inabalável, tornou-se aluna iniciante, depois bailarina do corpo de baile e finalmente solista do Teatro Municipal.

Venceu pela fé!

E dona Marta aprendeu com a filha a acreditar e a ser feliz.

---

**Reflexão:** *A ressurreição de Jesus é uma verdade muito difícil de compreender. Não é porém importante compreender, o importante é "crer", porque a fé é isso. Crer na Palavra de Jesus, mesmo sem compreender.*
*Precisamos acreditar que a ressurreição é obra de Deus.*

# CRISTO DEVERIA SOFRER E RESSUSCITAR AO TERCEIRO DIA

### 3º DOMINGO DA PÁSCOA
### (Lc 24,35-48)

Naquele tempo, [35]os dois discípulos contaram o que tinha acontecido no caminho, e como tinham reconhecido Jesus ao partir o pão.

[36]Ainda estavam falando, quando o próprio Jesus apareceu no meio deles e lhes disse: "A paz esteja convosco!"

[37]Eles ficaram assustados e cheios de medo, pensando que estavam vendo um fantasma.

[38]Mas Jesus disse: "Por que estais preocupados, e por que tendes dúvidas no coração? [39]Vede minhas mãos e meus pés: sou eu mesmo! Tocai em mim e vede! Um fantasma não tem carne, nem ossos, como estais vendo que eu tenho".

[40]E, dizendo isso, Jesus mostrou-lhes as mãos e os pés.

[41]Mas eles ainda não podiam acreditar, porque estavam muito alegres e surpresos. Então Jesus disse: "Tendes aqui alguma coisa para comer?" [42]Deram-lhe um pedaço de peixe assado. [43]Ele o tomou e comeu diante deles.

[44]Depois disse-lhes: "São estas as coisas que vos falei quando ainda estava convosco: era preciso que se cumprisse tudo o que está escrito sobre mim na Lei de Moisés, nos Profetas e nos Salmos".

[45]Então Jesus abriu a inteligência dos discípulos para entenderem as Escrituras, [46]e lhes disse: "Assim está escrito: 'O Cristo sofrerá e ressuscitará dos mortos ao terceiro dia, [47]e no seu nome serão anunciados a conversão e o perdão dos pecados a todas as nações, começando por Jerusalém'. [48]Vós sereis testemunhas de tudo isso".

## A FLORZINHA QUE ERA DOCE

Havia, em um lugar longe da cidade grande, um sítio chamado "Sítio das Flores". Era muito bem cuidado pelo jardineiro Odon, que regava as flores, revolvia sua terra e conversava muito com elas.

— Bom dia, margaridas!

— Bom dia, senhor Odon!
— Vocês estão lindas e muito perfumadas.
— Agradecemos, senhor Odon!

As flores pareciam muito educadas... No entanto, quando Odon não estava presente, eram grosseiras e mal-educadas!

— Você nasceu feia — dizia uma flor para outra.
— Você é que é... horrorosa!
— Saia pra lá!

Alguém contou para o jardineiro o que acontecia. E o que ele fez? *(Pausa para que as crianças usem a imaginação.)*

Colheu o pólen de todas as margaridas: brancas, amarelas, azuis, cor-de-rosa, vermelhas, alaranjadas, roxas. Depois, preparou uma terra gostosa para sua nova criação: fofinha e bem adubada. Dessa vez, porém, pensou em uma novidade. Que será que ele fez? *(Pausa)*

Odon colocou açúcar na terra, para que a plantinha nascesse "doce", educada, gentil com todos... Dias depois, apareceu um brotinho que foi crescendo, crescendo, e nasceu um botão que se abriu numa linda flor: uma margarida com pétalas de todas as cores, perfumada e muito delicada com Odon, com as demais flores e com os bichos.

— Bom dia, como vai? Você, amiga, é linda! Que amarelo radioso você tem...
— Bom dia, margarida cor-de-rosa. Você é muito rara. Existem poucas com sua cor.

Assim, tinha sempre uma palavra carinhosa para todos. Falava com os bichinhos do jardim, com o rio que corria bem perto e até com as estrelas do céu!

O tempo passou...

As margaridas indelicadas ficaram velhas e morreram!

> **Reflexão:** *A margarida de todas as cores também se despetalou e morreu. Só que por três dias! Ela voltou à vida mais linda ainda, ensinando a nós todos o que é ressurreição. Fez-nos compreender que existe a vida após a morte.*

# O BOM PASTOR DÁ A VIDA POR SUAS OVELHAS

**4º DOMINGO DA PÁSCOA**
(Jo 10,11-18)

Naquele tempo, disse Jesus: [11]"Eu sou o bom pastor. O bom pastor dá a vida por suas ovelhas.

[12]O mercenário, que não é pastor e não é dono das ovelhas, vê o lobo chegar, abandona as ovelhas e foge, e o lobo as ataca e dispersa. [13]Pois ele é apenas um mercenário que não se importa com as ovellhas.

[14]Eu sou o bom pastor. Conheço as minhas ovelhas, e elas me conhecem, [15]assim como o Pai me conhece e eu conheço o Pai. Eu dou minha vida pelas ovelhas.

[16]Tenho ainda outras ovelhas que não são deste redil: também a elas devo conduzir; elas escutarão a minha voz, e haverá um só rebanho e um só pastor.

[17]É por isso que meu Pai me ama, porque dou a minha vida, para depois recebê-la novamente. [18]Ninguém tira a minha vida, eu a dou por mim mesmo; tenho poder de entregá-la e tenho poder de recebê-la novamente; esta é a ordem que recebi de meu Pai".

## O BOM PASTOR

Zeca era um bom pastor.

Sabia o nome de todas as suas ovelhinhas: Malhada, Branquinha, Pretinha, Dulcinha, Fofinha, Leninha, Algodão, Plim...

Cuidava de todas com carinho e amava a todas como um bom pai ama suas filhas.

Dava-lhes de comer e de beber, escovava seus pelos e abrigava-as do frio e do calor.

Quando uma delas se afastava na montanha, Zeca guardava as outras na gruta e ia em busca da que estava perdida.

Certa vez, Zeca ficou doente e não pôde se levantar.

As ovelhinhas deitaram-se no chão a seus pés. Todas!

À meia-noite o relógio badalou doze vezes.

Pé ante pé, Umbelino, o mau pastor, entrou na gruta e foi retirando todas as ovelhinhas, uma a uma, e prendendo-as em sacos.

Aquelas que por acaso gritavam méée... apanhavam muito.

E quando Zeca abriu os olhos, viu horrorizado o que estava acontecendo; levantou-se rápido, embora estivesse com 40 graus de febre, e, com um bastão bem grande, lutou com Umbelino, o mau pastor.

Só houve um jeito: Umbelino fugir! Mas não conseguiu!

E, para cada ovelhinha maltratada, Zeca deu um lept, lept com seu bastão em Umbelino.

— Ai! Ai! Ui!

E nunca mais Umbelino tentou roubar as ovelhinhas de Zeca. Nunca mais!

**Reflexão:** *Jesus não faz como o Zeca, que pega um bastão para castigar aqueles que maltratam as ovelhinhas.*

*Jesus dá sua vida para que suas ovelhas sejam salvas. Aquelas ovelhas somos nós...*

# QUEM EM MIM PERMANECE, ESSE DÁ MUITO FRUTO

### 5º DOMINGO DA PÁSCOA
(Jo 15,1-8)

Naquele tempo, Jesus disse a seus discípulos: ¹"Eu sou a videira verdadeira e meu Pai é o agricultor. ²Todo ramo que em mim não dá fruto ele o corta; e todo ramo que dá fruto, ele o limpa, para que dê mais frutos ainda.

³Vós já estais limpos por causa da palavra que eu vos falei.

⁴Permanecei em mim e eu permanecerei em vós. Como o ramo não pode dar fruto por si mesmo, se não permanecer na videira, assim também vós não podereis dar fruto, se não permanecerdes em mim.

⁵Eu sou a videira e vós os ramos. Aquele que permanece em mim, e eu nele, esse produz muito fruto; porque sem mim nada podeis fazer.

⁶Quem não permanecer em mim será lançado fora como um ramo e secará. Tais ramos são recolhidos, lançados no fogo e queimados.

⁷Se permanecerdes em mim e minhas palavras permanecerem em vós, pedi o que quiserdes e vos será dado.

⁸Nisto meu Pai é glorificado: que deis muito fruto e vos torneis meus discípulos.

## AS FLORES DO PESSEGUEIRO

Havia um lindo pessegueiro no fundo do quintal de dona Lucília. Que árvore maravilhosa, com seus galhos carregados de flores cor-de-rosa! Parecia uma rainha.

Lurdinha estava à procura de algo diferente para a mamãe, dona Lucília.

Olhando para aquelas flores, pensou: — Este é o presente para a mamãe.

Pensou e fez. Cortou seis galhos do pessegueiro e os colocou no jarro da sala. O arranjo ficou bonito mesmo. Dona Lucília olhou encantada, mas depois ficou séria e chamou a filhinha:

— Lurdinha, você fez mal.

— Mamãe! Não entendo...

— Querida, vamos esperar alguns dias, e depois irá entender por que você fez mal.

Quinze dias se passaram e a mãe chamou a filhinha.

— Lurdinha, venha cá. Veja como acabou seu arranjo de flores de pessegueiro.

Lá estavam as flores secas, caídas no chão, e os galhos sem vida, mortos e já apodrecendo. A menina correu, apanhou as flores secas e falou, chorando:

— Ó mamãe, que feiura!

— Coloque tudo no lixo. Depois venha comigo ao quintal.

Mãe e filha de mãos dadas foram até o fundo do quintal. Lá estava o pessegueiro cor-de-rosa, lindo, alegre e feliz. Nenhuma das flores tinha morrido e nenhum galho tinha secado.

— Viu, filhinha! Nenhuma flor murchou e nenhum galho secou daqueles que permaneceram na árvore.

— Sim, mamãe, eu não deveria ter cortado nenhum galho.

— É que os ramos, longe da árvore, sempre acabam secando e morrendo. Assim somos nós, como Jesus disse. Sempre acabamos secando e morrendo se nos separamos dele. Ele é a árvore e nós somos os galhos...

**Reflexão:** *Nós também somos galhos de uma árvore. Para que tenhamos alegria, paz, felicidade, precisamos estar unidos à árvore que se chama Jesus!*

# ISTO É O QUE VOS ORDENO: AMAI-VOS UNS AOS OUTROS

### 6º DOMINGO DA PÁSCOA
### (Jo 17,11b-19)

Naquele tempo, Jesus ergueu os olhos ao céu e disse: ¹¹ᵇ"Pai santo, guarda-os em teu nome, o nome que me deste, para que eles sejam um, assim como nós somos um.

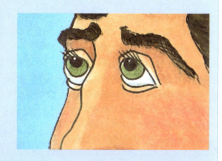

¹²Quando eu estava com eles, guardava-os em teu nome, o nome que me deste. Eu guardei-os e nenhum deles se perdeu, a não ser o filho da perdição, para se cumprir a Escritura.

¹³Agora, eu vou para junto de ti, e digo essas coisas, estando ainda no mundo, para que eles tenham em si a minha alegria plenamente realizada.

¹⁴Eu lhes dei a tua palavra, mas o mundo os rejeitou, porque não são do mundo, como eu não sou do mundo.

¹⁵Não te peço que os tires do mundo, mas que os guardes do Maligno. ¹⁶Eles não são do mundo, como eu não sou do mundo. ¹⁷Consagra-os na verdade; a tua palavra é verdade.

¹⁸Como tu me enviaste ao mundo, assim também eu os enviei ao mundo. ¹⁹Eu me consagro por eles, a fim de que eles também sejam consagrados na verdade".

## UM AMOR DE MENINA

Que graça de menina!

Era linda, simpática, alegre e prestativa. Boa aluna na escola, boa filha em casa, amiga leal de todos os seus amiguinhos.

Tinha nove anos e gostava muito de ajudar os que precisavam dela.

Seu nome era Rosa, mas todos a chamavam de Rosinha, porque era uma florzinha de menina. Seus olhos azuis como os de Maria contrastavam com os cabelos pretos e com a pela clara. As faces eram rosadas e a boquinha bem vermelhinha.

Rosinha não era convencida, ao contrário, a humildade estava sempre presente em suas palavras e em seus gestos.

— Rosinha, ajude-me, dizia dona Lucília, sua mãezinha.

— Sim, mamãe. O que quer que eu faça?

A casa precisa ser varrida e espanada. Eu vou cuidar da cozinha.

— Sim, mamãe!

E Rosinha, cantarolando, varria e tirava o pó da casa.

— Rosinha, você viu meus óculos? — perguntava-lhe o senhor Eduardo, seu pai.

— Vou procurá-los para o senhor, pai.

Sempre achava os óculos: às vezes no quarto, outras vezes na sala e até na cabeça do pai.

— Há, há, há, há, há — riam os dois.

Todos os dias, Rosinha ia sozinha para a escola, que era perto.

Certa vez, um pobre estendeu-lhe a mão, pedindo-lhe uma esmola. Rosinha percebeu que deixara em casa sua bolsinha. Ficou triste, muito triste.

De repente, lembrou-se de sua merendeira. O que fez? Tirou de dentro dela um saquinho de biscoitos e uma laranja e, com muito prazer, entregou-os ao pobre, era tudo o que tinha.

O pobre chorou.

— Que bom coração o de Rosinha.

A menina sorriu e foi muito alegre para a escola. Sentia-se muito feliz.

---

**Reflexão:** *Se houvesse mais "Rosinhas" no mundo, Jesus sorriria. Amar a Deus e ao próximo é o mandamento do amor, é o mais importante de todos. De fato, quem ama não mente, não ofende, não faz coisas erradas. Jesus entregou sua própria vida por causa de nós. É por causa de seu amor que estamos aqui reunidos para nos alegrar e cantar.*

# CRISTO NOS TORNA ENCARREGADOS DA MISSÃO

**ASCENSÃO DO SENHOR**
(Mc 16,15-20)

Naquele tempo, Jesus se manifestou aos onze discípulos, ¹⁵e disse-lhes: "Ide pelo mundo inteiro e anunciai o Evangelho a toda criatura! ¹⁶Quem crer e for batizado será salvo. Quem não crer será condenado.

¹⁷Os sinais que acompanharão aqueles que crerem serão estes: expulsarão demônios em meu nome, falarão novas línguas; ¹⁸se pegarem em serpentes ou beberem algum veneno mortal, não lhes fará mal algum; quando impuserem as mãos sobre doentes, eles ficarão curados".

¹⁹Depois de falar com os discípulos, o Senhor Jesus foi levado ao céu, e sentou-se à direita de Deus.

²⁰Os discípulos então saíram e pregaram por toda a parte. O Senhor os ajudava e confirmava sua Palavra por meio dos sinais que a acompanhavam.

## O VOO DA ÁGUIA

Estavam reunidos carneiros, passarinhos, macaquinhos, borboletas, tartarugas, camaleões e muitos outros animais, conversando com uma grande águia, no sopé de uma altíssima montanha, de onde escorria uma água muito limpa e fresca.

— Como pode esta água descer de montanha tão alta? Não se vê o pico. Só nuvens... — resmungou o camaleão.

— É mesmo, o que será que tem no alto da montanha? — perguntou o carneirinho.

— Como será a vida lá em cima? — disse a borboleta.

— Deve ser muito molhada, porque de lá desce água — disse o macaquinho, o mais levado de todos.

A águia, muito sábia, ouvia a todos com atenção, e disse:

— Ora, meus amigos, vocês se preocupam com muitas coisas, mas se esquecem que eu vim de lá. E completou: — Lá é um lugar maravilhoso! Todos são felizes!

— Que bom! Nós podemos ir para lá? Aqui é tão seco... Não tem frutas para todos e nossos ninhos são derrubados e destruídos pelos maus — sussurrou o passarinho.

— Mas é claro que podem. Podem e devem! Comecem a caminhar bem juntinhos para não se perderem. Eu vou à frente para preparar uma festa para vocês.

— Oba, nós iremos. Vai ser muito bom caminhar, sabendo que existe um lugar bem melhor para se viver – disse a tartaruga, animada.

A águia completou:

— Eu vou subir, mas estarei sempre olhando para vocês. Em qualquer dificuldade, eu estarei ao lado de vocês para ajudá-los.

Dizendo isso, a águia abriu as asas e voou.

Os animais ficaram encantados, contemplando a águia amiga, até que ela desapareceu nas nuvens.

— Poxa! Ela já sumiu. Acho bom começar a caminhar como ela mandou e assim com certeza um dia chegaremos lá.

> **Reflexão:** *Nós sabemos que a águia enxerga de muito longe, por isso pode acompanhar com os olhos um animal, por menor que ele seja. Quanto mais Jesus Cristo, que é Deus e Salvador! Ele sempre nos vê e nos acompanha, protegendo-nos de todo mal, e está pronto a nos ajudar nos momentos difíceis de nossa caminhada. Sabemos que ele está no Céu, mas sabemos também que ele está conosco em todos os lugares, dando-nos coragem para caminhar.*

# TODOS FICARAM CHEIOS DO ESPÍRITO SANTO

**SOLENIDADE DE PENTECOSTES**
(Jo 20,19-23)

[19]Ao anoitecer daquele dia, o primeiro da semana, estando fechadas, por medo dos judeus, as portas do lugar onde os discípulos se encontravam, Jesus entrou e, pondo-se no meio deles, disse: "A paz esteja convosco". [20]Depois dessas palavras, mostrou-lhes as mãos e o lado. Então os discípulos se alegraram por verem o Senhor. [21]Novamente, Jesus disse: "A paz esteja convosco. Como o Pai me enviou, também eu vos envio". [22]E, depois de ter dito isso, soprou sobre eles e disse: "Recebei o Espírito Santo. [23]A quem perdoardes os pecados, eles lhes serão perdoados; a quem não os perdoardes, eles lhes serão retidos".

## O QUE É PENTECOSTES?

**Animadora:** Os apóstolos estavam com medo, por isso, juntos se esconderam no Cenáculo.

**Crianças:** Estavam com medo de quê?

**Animadora:** Todos os que acreditavam em Jesus eram perseguidos pelos soldados e Jesus não estava mais com eles, por isso, sentiam muito medo.

**Crianças:** O que eles faziam, enquanto se escondiam?

**Animadora:** Eles rezavam noite e dia, pedindo a Deus coragem e sabedoria.

**Todos:** Coragem para enfrentar todos os perigos, por amor a Deus, e sabedoria para anunciar os ensinamentos de Jesus.

**Animadora:** Jesus, antes de subir ao Pai, prometeu a seus apóstolos que lhes enviaria do céu o Espírito Santo de Deus.

**Crianças:** Espírito Santo? Quem é Ele?

**Animadora:** É a terceira pessoa da Santíssima Trindade. É ele quem distribuiu entre os homens seus *dons* e seus *frutos*, para que todos sejam felizes e descubram o amor.

**Crianças:** Ele veio ajudar os apóstolos?

**Animadora:** Sim. Ele veio numa hora em que os apóstolos rezavam com fé. Chegou trazendo calor a todos os que tremiam de pavor. A partir daquele instante, eles bendiziam ao Senhor.

**Crianças:** E depois? O que aconteceu?

**Animadora:** Eles abriram suas portas e saíram pelo mundo anunciando o Evangelho e dizendo a toda voz:

**Todos:** Deus é Pai e Criador. Deus é nosso Salvador! O Espírito Santo nos aquece com seu amor!

**Uma criança** *(bem alto)***:** Que beleza! Que maravilha!

**Animadora:** E tem mais, meus amiguinhos! Até hoje o Espírito Santo vem ao coração dos homens. É só pedir com fé sua presença de amor.

**Crianças:** Que alegria! Nós queremos agora chamá-lo.

**Todos** *(bem alto!)***:** Vem, Espírito Santo! Vem ficar em nossos corações! Queremos viver com tua graça e sentir teu amor.

---

**Reflexão:** *Os apóstolos de Jesus iniciaram sua missão bem devagar. Depois, começaram a se entusiasmar e falaram de Jesus à multidão, com animação. E o povo ouviu-os e seguiu-os, dizendo: — Viva Jesus!*

# EM NOME DO PAI, DO FILHO E DO ESPÍRITO SANTO

**SANTÍSSIMA TRINDADE**
(Mt 28,16-20)

Naquele tempo, [16]os onze discípulos foram para a Galileia, ao monte que Jesus lhes tinha indicado. [17]Quando viram Jesus, prostraram-se diante dele. Ainda assim, alguns duvidaram. [18]Então Jesus aproximou-se e falou: "Toda a autoridade me foi dada no céu e sobre a terra. [19]Portanto, ide e fazei discípulos meus todos os povos, batizando-os em nome do Pai e do Filho e do Espírito Santo, [20]e ensinando-os a observar tudo o que vos ordenei! Eis que eu estarei convosco todos os dias, até ao fim do mundo".

## O CONCURSO DAS FORMIGUINHAS

Dão Formigão reuniu o formigueiro e falou:

— Nesta semana, teremos um dia diferente. Quero saber qual é a formiga mais ligeira e inteligente. Organizei um concurso. Ganhará quem achar alguma coisa mais importante e especial.

— Vou ganhar, Dão Formigão, sou a mais inteligente — disse Nica.

— Qual nada! Eu sou a mais rápida — falou Zica.

— Eu sou a mais esperta, Dão Formigão — gritou com confiança a formiguinha Chica.

Lá se foram as formiguinhas, uma atrás da outra. Muitas formiguinhas entraram no concurso. Todas estavam animadas. Horas depois, chegou Nica:

— Veja, Dão Formigão, achei uma folha cheirosa para perfumar nosso formigueiro. Que tal?

— É interessante, mas vamos esperar as outras.

Em segundo lugar, chegou Zica, cansada de carregar um pacotinho de açúcar.

— Eu ganhei! Este açúcar gostoso será de todas as formiguinhas.

— Calma, Zica, esperemos as outras.

— Dão Formigão! Dão Formigão! Eu vi uma formiguinha quase morrendo na piscina do Hotel Javari. Puxei-a para fora, ela se esquentou ao sol e ficou boa.

— Chica, não solte foguetes antes do tempo. Vamos esperar as outras.

Aproximou-se, então, a formiguinha Tati.

— Dão Formigão, eu não trouxe nada, mas vi uma maravilha da Natureza. Gostaria que todas as formiguinhas vissem o que eu vi.

— O que viu, Tati?

— Senhor, eu vi uma árvore imensa, antiga, linda, cujo tronco divide-se em três outros troncos fortes que parecem encostar no céu.

— Três em um? Tati, leve-nos até lá.

E lá se foram as formiguinhas em fila, pé cá, pé lá, pé cá, pé lá.

Andaram muito: dias após dias, horas após horas, até chegarem ao local indicado por Tati.

As formiguinhas rodearam a árvore, olharam para o alto e viram os três troncos que se uniram em um só.

— Que maravilha! Vocês não subirão nesta árvore. Ela é um presente da Mãe Natureza.

As formiguinhas, encantadas com aquela árvore tão grande e tão antiga, disseram juntas:

— Três em um! Três em um!

Não é preciso dizer que Tati ganhou o concurso da mais esperta formiguinha do mundo.

---

**Reflexão:** *Na Festa da Santíssima Trindade, celebramos o amor do Pai Celeste, do Filho Jesus e do Espírito Santo. A Trindade é tão unida entre si que as três pessoas formam um só Deus.*

# TOMAI, ISTO É MEU CORPO E MEU SANGUE!

## SANTÍSSIMO CORPO E SANGUE DE CRISTO
### (Mc 14,12-16.22-26)

[12]No primeiro dia dos Ázimos, quando se imolava o cordeiro pascal, os discípulos disseram a Jesus: "Onde queres que façamos os preparativos para comeres a Páscoa?"

[13]Jesus enviou então dois dos seus discípulos e lhes disse: "Ide à cidade. Um homem carregando um jarro de água virá ao vosso encontro. Segui-o [14]e dizei ao dono da casa em que ele entrar: 'O Mestre manda dizer: onde está a sala em que vou comer a Páscoa com os meus discípulos?' [15]Então ele vos mostrará, no andar de cima, uma grande sala, arrumada com almofadas. Aí fareis os preparativos para nós!"

[16]Os discípulos saíram e foram à cidade. Encontraram tudo como Jesus havia dito, e prepararam a Páscoa.

[22]Enquanto comiam, Jesus tomou o pão e, tendo pronunciado a bênção, partiu-o e entregou-lhes, dizendo: "Tomai, isto é o meu corpo".

[23]Em seguida, tomou o cálice, deu graças, entregou-lhes, e todos beberam dele.

[24]Jesus lhes disse: "Isto é o meu sangue, o sangue da aliança, que é derramado em favor de muitos. [25]Em verdade vos digo, não beberei mais do fruto da videira, até o dia em que beberei o vinho novo no Reino de Deus".

[26]Depois de ter cantado o hino, foram para o monte das Oliveiras.

## BATE-PAPO

**Grupo A:** Que é pão ázimo?

**Grupo B:** É o pão feito somente com farinha e água.

**A:** De onde vem a farinha?

**B:** Ela é feita do trigo produzido por muita gente.

**A:** Como?

**B:** Plantando na terra a semente que germinou, o trigo foi debulhado e moído.

**A:** De onde vem o vinho?

**B:** Muitas pessoas plantaram sementes de uvas. Elas germinaram e produziram o fruto necessário. O suco das uvas transformou-se em vinho.

**A:** Quando o trigo e o vinho se transformaram no Corpo e Sangue de Jesus?

**B:** Quando Jesus os abençoou e os consagrou.

**A:** Por que Jesus fez isso?

**B:** Para ser alimento de nossas almas.

**A:** O que disse Jesus?

**B:** "Tomai todos e comei este pão, Ele não é mais pão. É o Corpo de Jesus!"

**A:** E que disse Jesus, então?

**B:** "Tomai todos e bebei. Este é o meu sangue".

**Todos:** Estas foram as palavras de Jesus, nosso Senhor. E nós, hoje, celebramos seu carinho e seu amor.

**Reflexão:** *Por amor, Jesus ofereceu seu corpo e seu sangue, para a salvação de toda a humanidade.*

# O FILHO DO HOMEM É SENHOR TAMBÉM DO SÁBADO

### 9º DOMINGO DO TEMPO COMUM
### (Mc 2,23–3,6)

23 Jesus estava passando por uns campos de trigo, em dia de sábado. Seus discípulos começaram a arrancar espigas, enquanto caminhavam.

24 Então os fariseus disseram a Jesus: "Olha! Por que eles fazem em dia de sábado o que não é permitido?"

25 Jesus lhes disse: "Por acaso, nunca lestes o que Davi e seus companheiros fizeram quando passaram necessidade e tiveram fome? 26 Como ele entrou na casa de Deus, no tempo em que Abiatar era sumo sacerdote, comeu os pães oferecidos a Deus, e os deu também aos seus companheiros? No entanto, só aos sacerdotes é permitido comer esses pães".

27 E acrescentou: "O sábado foi feito para o homem, e não o homem para o sábado. 28 Portanto, o Filho do Homem é Senhor também do sábado".

3,1 Jesus entrou de novo na sinagoga. Havia ali um homem com a mão seca. 2 Alguns o observavam para ver se haveria de curar em dia de sábado, para poderem acusá-lo.

3 E Jesus disse ao homem da mão seca: "Levanta-te e fica aqui no meio!" 4 E perguntou-lhes: "É permitido no sábado fazer o bem ou fazer o mal? Salvar uma vida ou deixá-la morrer?"

Mas eles nada disseram.

5 Jesus, então, olhou ao seu redor, cheio de ira e tristeza, porque eram duros de coração; e disse ao homem: "Estende a mão". Ele a estendeu e a mão ficou curada.

6 Ao saírem, os fariseus, com os partidários de Herodes, imediatamente tramaram, contra Jesus, a maneira como haveriam de matá-lo.

## POR QUE NÃO?

Dona Luciana fizera pãezinhos fofinhos, macios e deliciosos, recheados de creme e de passas.

— Oba! Legal! — disseram Toninho e Leila, os filhos de 12 e 10 anos respectivamente.

— São para domingo, não é, mamãe? — perguntou Toninho.

— Sim! É claro! Para seu aniversário, mãezinha — respondeu Leila.

— Além desses pãezinhos, mamãe, que fará mais?

— Chocolate, bolo de suspiros. Vai ser um lanche gostoso.

— Oba! Legal! — exclamaram Toninho e Leila.

Já era a noitinha de sábado, quando chegou da faculdade Marcos, o filho mais velho, de 19 anos.

— Oi, pessoal, tudo bem?

— Sim, Marcos.

— Mãe, estou com tanta fome.

— Você não jantou na faculdade?

— Hoje não houve jantar. O fogão pifou.

— Nem sanduíches? Nem leite?

— Não, mamãe, não comemos nada.

— Eu não podia adivinhar, Marcos. Não guardei um prato de comida para você. Você não costuma jantar em casa.

— É verdade!

— Ora, Marcos, mas tenho certeza que você não ficará com fome. Vou dar-lhe uns pãezinhos que fiz para o lanche de domingo. Deliciosos!

Dona Luciana dirigiu-se ao armário da cozinha e apanhou dez pãezinhos fofinhos e macios, trazendo-os para Marcos.

— Alto lá, mãe, esses pãezinhos são para domingo — reclamou Toninho.

— Para sua festa de aniversário — acrescentou Leila.

Dona Luciana sorriu, acariciou os cabelos dos dois filhos e lhes disse:

— É mais importante que Marcos os coma hoje, porque está com fome.

— Mas, mamãe, a festa é domingo, hoje é sábado, não é dia de comer pãezinhos especiais.

— Meus filhos, o mais importante é a pessoa e não o dia. Tenho prazer que Marcos não sinta mais fome. Fiz os pãezinhos para vocês, não para o dia de meu aniversário.

> **Reflexão:** *Os pãezinhos foram feitos por Dona Luciana para os filhos e amigos. Jesus disse que o sábado foi feito para as pessoas e não as pessoas para o sábado.*

# SATANÁS SERÁ DESTRUÍDO

### 10º DOMINGO DO TEMPO COMUM
(Mc 3,20-35)

Naquele tempo, [20]Jesus voltou para casa com os seus discípulos. E de novo se reuniu tanta gente que eles nem sequer podiam comer.

[21]Quando souberam disso, os parentes de Jesus saíram para agarrá-lo, porque diziam que estava fora de si.

[22]Os mestres da Lei, que tinham vindo de Jerusalém, diziam que ele estava possuído por Belzebu, e que pelo príncipe dos demônios ele expulsava os demônios.

[23]Então Jesus os chamou e falou-lhes em parábolas: "Como é que Satanás pode expulsar a Satanás?

[24]Se um reino se divide contra si mesmo, ele não poderá manter-se. [25]Se uma família se divide contra si mesma, ela não poderá manter-se. [26]Assim, se Satanás se levanta contra si mesmo e se divide, não poderá sobreviver, mas será destruído.

[27]Ninguém pode entrar na casa de um homem forte para roubar seus bens, sem antes o amarrar. Só depois poderá saquear sua casa.

[28]Em verdade vos digo: tudo será perdoado aos homens, tanto os pecados, como qualquer blasfêmia que tiverem dito. [29]Mas quem blasfemar contra o Espírito Santo, nunca será perdoado, mas será culpado de um pecado eterno".

[30]Jesus falou isso, porque diziam: "Ele está possuído por um espírito mau". [31]Nisso chegaram sua mãe e seus irmãos. Eles ficaram do lado de fora e mandaram chamá-lo.

[32]Havia uma multidão sentada ao redor dele. Então lhe disseram: "Tua mãe e teus irmãos estão lá fora à tua procura".

[33]Ele respondeu: "Quem é minha mãe, e quem são meus irmãos?" [34]E, olhando para os que estavam sentados ao seu redor, disse: "Aqui estão minha mãe e meus irmãos. Quem faz a vontade de Deus, esse é meu irmão, minha irmã e minha mãe".

# JESUS VENCE O MAL
## (Jogral)

**Grupo A:**
Numa igreja israelita,
Jesus começou a falar.
Todos ficaram espantados,
Jesus sabia ensinar.

**Grupo B:**
Não seguia o caminho
dos homens sábios de então.
Falava com muita firmeza,
mas falava com o coração.

**Grupo A:**
Um homem mau perguntou:

**Voz:**
Que queres Jesus de nós?
Queres nos maltratar?
Assusta-nos tua voz!
Já sei que és santo de Deus.
Não é verdade o que digo?
Tu queres nos destruir,
não farás isto comigo.

**Grupo B:**
Jesus logo respondeu:

**Jesus:**
Cala a boca! Sai daqui!

**Grupo A:**
E a maldade saiu do homem.
Um grito dando ali.

**Grupo B:**
O homem estremeceu,
quando a maldade saiu.
E todos se espantaram
com o que o mundo viu.

**Voz:**
Quem é este homem, afinal?
Que manda dentro da gente,
é sempre obedecido,
fala a verdade e não mente?

**Todos:**
Jesus! Jesus! É Jesus!
Com sua autoridade,
expulsa o mal para longe,
porque é todo bondade.

**Segunda voz:**
E a fama de Jesus
por toda a parte correu.
Ele é mais sábio que os sábios.
Jesus a nós convenceu.

**Todos:**
Ó Jesus, mestre querido.
Eu quero ter afeição,
eu quero ter só bondade,
dentro de meu coração.

**Reflexão:** *Se seguirmos o que "Deus quer", estaremos expulsando o Satanás de nossas vidas.*

# A MENOR DE TODAS AS SEMENTES

## 11º DOMINGO DO TEMPO COMUM
### (Mc 4,26-34)

Naquele tempo, [26]Jesus disse à multidão: "O Reino de Deus é como quando alguém espalha a semente na terra. [27]Ele vai dormir e acorda, noite e dia, e a semente vai germinando e crescendo, mas ele não sabe como isso acontece. [28]A terra, por si mesma, produz o fruto: primeiro aparecem as folhas, depois vem a espiga. [29]Quando as espigas estão maduras, o homem mete logo a foice, porque o tempo da colheita chegou".

[30]E Jesus continuou: "Com que mais poderemos comparar o Reino de Deus? Que parábola usaremos para representá-lo?

[31]O Reino de Deus é como um grão de mostarda que, ao ser semeado na terra, é a menor de todas as sementes da terra. [32]Quando é semeado, cresce e se torna maior do que todas as hortaliças, e estende ramos tão grandes, que os pássaros do céu podem abrigar-se à sua sombra".

[33]Jesus anunciava a Palavra usando muitas parábolas como estas, conforme eles podiam compreender. [34]E só lhes falava por meio de parábolas, mas, quando estava sozinho com os discípulos, explicava tudo.

## UM GRÃO DE MOSTARDA

Serginho era um menino muito especial. Mal começou a falar, repetia a todo instante: "Obrigado!"

Com três anos, dizia claramente: "Por favor!" "Com licença!"

Aos quatro anos, já sabia o significado da expressão: "Não há de quê!"

Entrando para a pré-escola, demonstrou "ares protetores" com os coleguinhas, dizendo-lhes:

— Não chorem! A mamãe já vem!

Aprendeu a ler com cinco anos, ajudado pela vovó Lucília, que se espantou com a rapidez do aprendizado do netinho:

— Já sabe ler! É incrível!

No ensino fundamental, foi aluno excelente. Em todas as matérias obtinha nota acima de 9 e ótimo comportamento. Sua frequência e pontualidade eram bem acentuadas, assim como sua participação nas festas escolares.

Colaborava com os professores e colegas. Era um amor de menino!

Numa festa, brilhou como "O Bobo Espinafre a serviço de Papai Noel".

Continuou a ser ótimo no ensino médio, num tradicional colégio de padres.

Na faculdade, destacou-se porque era aplicado, assíduo, interessado e cumpridor de seus deveres.

Homem feito, Dr. Sérgio, já empregado numa fábrica, como engenheiro químico, demonstrou suas qualidades de trabalho, abnegação e respeito ao próximo.

Namorou, noivou, casou com uma mulher maravilhosa e teve três filhos lindos e queridos

Que exemplo de vida!

Mas nem tudo são f ores. Atualmente, sofreu um grande dissabor: injustamente, foi dispensado e fico  oito meses sem emprego.

Dr. Sérgio desanimou? Não! Não! Não!

Dr. Sérgio revoltou-se? Não! Não! Não!

Resolveu fazer sua industriazinha, tendo esperança em Deus, que ganhará um novo emprego porque: "Bem-aventurados os injustiçados..."

O Dr. Sérgio transformou-se de semente numa grande árvore de amor.

A vida de Serginho criança, Dr. Sérgio adulto, é um exemplo! Se houvesse Renatos, Luíses, Carlos, Humbertos, Leonardos e outros... com a fé, a força, o amor e a dignidade de Serginho, o mundo seria melhor.

**Reflexão:** *Deus quer que todas as sementes de mostarda cresçam e se transformem em frondosas árvores de amor, alegria, humildade, bondade e paz.*

# QUEM É ESTE, A QUEM ATÉ O VENTO E O MAR OBEDECEM?

**12º DOMINGO DO TEMPO COMUM**
(Mc 4,35-41)

³⁵Naquele dia, ao cair da tarde, Jesus disse a seus discípulos: "Vamos para a outra margem!"

³⁶Eles despediram a multidão e levaram Jesus consigo, assim como estava, na barca. Havia ainda outras barcas com ele.

³⁷Começou a soprar uma ventania muito forte e as ondas se lançavam dentro da barca, de modo que a barca já começava a se encher.

³⁸Jesus estava na parte de trás, dormindo sobre um travesseiro. Os discípulos o acordaram e disseram: "Mestre, estamos perecendo e tu não te importas?"

³⁹Ele se levantou e ordenou ao vento e ao mar: "Silêncio! Cala-te!" O vento cessou e houve uma grande calmaria.

⁴⁰Então Jesus perguntou aos discípulos: "Por que sois tão medrosos? Ainda não tendes fé?"

⁴¹Eles sentiram um grande medo e diziam uns aos outros: "Quem é este, a quem até o vento e o mar obedecem?"

## JESUS, O FILHO DE DEUS

**Grupo A:**
Já tinha chegado a tarde
daquele bonito dia.
Jesus chamou os discípulos
e lhes disse com alegria:

**Grupo A:**
Os apóstolos chegaram
pertinho de nosso Senhor.
Pedro, então, disse a todos:
— Vamos pra onde ele for!

**Grupo B:**
Vamos agora, meus amigos,
vamos pra outra margem!
E todos obedeceram
e se puseram em viagem.

**Grupo B:**
Depois que pularam na barca,
soprou forte ventania.
A água entrava na barca:
Que horror! Que agonia!

**Grupo A:**
Enquanto isso, Jesus
no fundo da barca dormia.
Dormia sonos tranquilos,
Cansado do dia a dia.

**Grupo B:**
O vento soprava e soprava,
agitado ficava o mar.
O barco pequeno pulava
e estava para afundar.

**Grupo A:**
Resolveram os discípulos
o Mestre, enfim, acordar.
Chamaram o bom Jesus
E puseram-se a rezar.

**Grupo B:**
Jesus ordenou ao vento:
— Pare, pare de soprar!
— Pare, pare de ser bravo!
Jesus ordenou ao mar.

**Grupo A:**
O vento parou de vez,
tranquilo ficou o mar.
Tudo virou quieto e calmo:
Jesus estava a mandar.

**Grupo B:**
Depois disse aos discípulos:
— Por que ficaram com medo?
Acaso perderam sua fé,
e a perderam assim tão cedo?

**Grupo A:**
Para um lado e para outro
os discípulos olharam.
E vendo o poder de Jesus,
eles muito se admiraram.

**Grupo B:**
Quem pode ser este homem?
Perguntavam entre si.
Será que ele é o Filho de Deus,
que chegou até aqui?

**Todos:**
Era ele, sim, era ele!
E os apóstolos rezaram,
ajoelhados no barco.
E nunca mais duvidaram!

**Reflexão:** *Confia no Pai. Ele te ajudará. Um dia, os discípulos duvidaram de Jesus, mas ele os repreendeu, perguntando:*
*— Vocês não têm fé?*

# JOÃO É SEU NOME

## NATIVIDADE DE SÃO JOÃO BATISTA
### (Lc 1,57-66.80)

[57]Completou-se o tempo da gravidez de Isabel, e ela deu à luz um filho. [58]Os vizinhos e parentes ouviram dizer como o Senhor tinha sido misericordioso para com Isabel, e alegraram-se com ela.

[59]No oitavo dia, foram circuncidar o menino, e queriam dar-lhe o nome de seu pai, Zacarias. [60]A mãe, porém, disse: "Não! Ele vai chamar-se João". [61]Os outros disseram: "Não existe nenhum parente teu com esse nome!"

[62]Então fizeram sinais ao pai, perguntando como ele queria que o menino se chamasse.

[63]Zacarias pediu uma tabuinha, e escreveu: "João é seu nome". E todos ficaram admirados.

[64]No mesmo instante, a boca de Zacarias se abriu, sua língua se soltou, e ele começou a louvar a Deus. [65]Todos os vizinhos ficaram com medo, e a notícia espalhou-se por toda a região montanhosa da Judeia.

[66]E todos os que ouviam a notícia, ficavam pensando: "O que virá a ser este menino?" De fato, a mão do Senhor estava com ele. [80]E o menino crescia e se fortalecia em espírito. Ele vivia nos lugares desertos, até ao dia em que se apresentou publicamente a Israel.

## QUEM ERA JOÃO BATISTA?

Zacarias, sacerdote da Judeia, e sua esposa Isabel já eram bem velhos e não tinham filhos.

Um dia, o Anjo Gabriel apareceu a Zacarias:

— Você terá um filho. Ele deverá chamar-se João, que significa "Deus propício, isto é, Deus favorável". João lhe dará muitas alegrias. Muita gente ficará feliz por causa de seu filho. João será muito importante para Deus. O Espírito Santo estará com João, mesmo antes de ele nascer. João chamará o povo e o conduzirá para Deus. Ele terá muito amor e poder.

Zacarias não acreditou no Anjo Gabriel, e perguntou:

— Como posso ter certeza de tudo isso?

Zacarias duvidou. Não teve fé. Ele ficou mudo naquele instante, e só se comunicou novamente quando nasceu seu filho e ele escreveu na tábua: "João é o nome de meu filho".

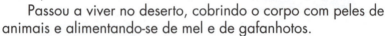

Neste instante, Deus perdoou Zacarias e ele voltou a falar.

João foi bebê, criança, jovem e adulto, e com ele cresceu sua fé.

Passou a viver no deserto, cobrindo o corpo com peles de animais e alimentando-se de mel e de gafanhotos.

João dizia a todos os que encontrava:

— Eu anuncio a chegada do Senhor. Ele virá em breve. Eu não mereço nem desamarrar suas sandálias!

Um dia, Jesus apareceu a João, que logo falou:

— É este. É ele. É ele o que tira o pecado das pessoas. Ele é o Filho de Deus!

A pedido de Jesus, João batizou-o no Rio Jordão. João passou a chamar-se Batista — aquele que batiza.

Como João não permitia maldades, farras, vícios, orgias, não foi aceito pelo rei Herodes, que mandou prendê-lo, para ser martirizado e morto.

João morreu no dia 29 de agosto, mas o mundo inteiro festeja o dia de seu aniversário, 24 de junho, ao invés de festejar o dia da morte, como era de costume.

As festas em homenagem a São João Batista são lindas.

Festejando São João Batista, o último profeta e o primeiro apóstolo de Jesus, as crianças cantam alegremente: "Capelinha de melão é de São João. É de cravo, é de rosa, é de manjericão!"

**Reflexão:** *Festejamos com carinho a natividade, isto é, o nascimento de João Batista. Pensemos nele como o mensageiro de Deus para anunciar a vinda de seu primo Jesus, o Messias, o Salvador do mundo!*

# MENINA, LEVANTA-TE!

**13º DOMINGO DO TEMPO COMUM**
(Mc 5,21-43)

Naquele tempo, ²¹Jesus atravessou de novo, numa barca, para a outra margem. Uma numerosa multidão se reuniu junto dele, e Jesus ficou na praia.

²²Aproximou-se, então, um dos chefes da sinagoga, chamado Jairo. Quando viu Jesus, caiu a seus pés, ²³e pediu com insistência: "Minha filhinha está nas últimas. Vem e põe as mãos sobre ela, para que ela sare e viva!"

²⁴Jesus então o acompanhou. Uma numerosa multidão o seguia e o comprimia. ²⁵Ora, achava-se ali uma mulher que, há doze anos, estava com uma hemorragia; ²⁶tinha sofrido nas mãos de muitos médicos, gastou tudo o que possuía, e, em vez de melhorar, piorava cada vez mais. ²⁷Tendo ouvido falar de Jesus, aproximou-se dele por detrás, no meio da multidão, e tocou na sua roupa. ²⁸Ela pensava: "Se eu ao menos tocar na roupa dele, ficarei curada".

²⁹A hemorragia parou imediatamente, e a mulher sentiu dentro de si que estava curada da doença. ³⁰Jesus logo percebeu que uma força tinha saído dele. E, voltando-se no meio da multidão, perguntou: "Quem tocou na minha roupa?" ³¹Os discípulos disseram: "Estás vendo a multidão que te comprime e ainda perguntas: 'Quem me tocou?'" ³²Ele, porém, olhava ao redor para ver quem havia feito aquilo. ³³A mulher, cheia de medo e tremendo, percebendo o que lhe havia acontecido, veio e caiu aos pés de Jesus, e contou-lhe toda a verdade. ³⁴Ele lhe disse: "Filha, a tua fé te curou. Vai em paz e fica curada dessa doença".

<sup></sup>35Ele estava ainda falando, quando chegaram alguns da casa do chefe da sinagoga, e disseram a Jairo: "Tua filha morreu. Por que ainda incomodar o mestre?" 36Jesus ouviu a notícia e disse ao chefe da sinagoga: "Não tenhas medo. Basta ter fé!"

37E não deixou que ninguém o acompanhasse, a não ser Pedro, Tiago e seu irmão João. 38Quando chegaram à casa do chefe da sinagoga, Jesus viu a confusão e como estavam chorando e gritando. 39Então, ele entrou e disse: "Por que essa confusão e esse choro? A criança não morreu, mas está dormindo".

40Começaram então a caçoar dele. Mas ele mandou que todos saíssem, menos o pai e a mãe da menina, e os três discípulos que o acompanhavam. Depois entraram no quarto onde estava a criança. 41Jesus pegou na mão da menina e disse: "Talitá cum" — que quer dizer: "Menina, levanta-te!" 42Ela levantou-se imediatamente e começou a andar, pois tinha doze anos. E todos ficaram admirados.

43Ele recomendou com insistência que ninguém ficasse sabendo daquilo. E mandou dar de comer à menina.

# O PODER DE DEUS

No princípio da formação do mundo, as águas que envolviam o planeta Terra se dividiam em partes, de acordo com as terras que deveriam banhar. Imenso e poderoso era o mar, e ele foi aconchegando-se em cada lugar, mostrando a todos sua grandiosidade.

— Como o mar é bonito!

— É forte quando é preciso e tranquilo também para acolher as crianças pequenas que nele querem brincar, nadar ou boiar.

— Eu aprecio quando ele rebenta em ondas altas para que eu possa surfar.

O mar era conhecido e respeitado por todos e recebia nomes variados e interessantes. Onde suas águas ficaram escuras, sombrias, tornou-se Mar Negro, respeitado por todos.

— Em Copacabana, no Rio de Janeiro, o mar está negro.

— Isto é outra coisa, Lucas. Em Copacabana ele está negro porque um navio derramou petróleo em suas águas.

— É mesmo, mamãe, parecem línguas negras!

— Sim, filho, mas, se Deus quiser, os homens vão limpar o mar.

— Onde, então, ele é Mar Negro, sem sujeira?

— O Mar Negro fica entre a Europa e a Ásia. Venha ver no mapa onde é.

A contadora de histórias continuava a falar. Onde suas águas lembravam a cor do sangue da humanidade era o Mar Vermelho, cenário de grandes navegações e muitas guerras.

— Onde fica, mãe?

— Bem longe do Brasil, fica entre a África e a Ásia.

E a história do mar continuava: ora azul, ora verde, ora cinza, prateado e dourado. Uma beleza apaixonante, que cativa os homens de todas as nações, porque dele vêm a *vida*, o *sabor*, e é o *caminho* por onde todas as pessoas se encontram.

Muitos vêm de longe para tocá-lo e mergulhar nele. Para contemplá-lo, armam barracas e, se pudessem, não se afastariam e ficariam sempre a seu lado.

O *poder de Deus*, do *pai criador*, precisa ser mostrado a todos.

É por isso que o mar é inspiração para poemas, cantos, telas, livros, romances e histórias.

**Reflexão:** *Assim é Jesus em nossa vida. Ele mostrou seu poder, transfigurando-se diante dos apóstolos, homens simples e puros. Viveu entre nós para apontar-nos o caminho para o Pai, que dá vida, dá sabor à vida, e que é o único caminho a seguir!*

# UNIDOS PELA COROA DO MARTÍRIO

## SÃO PEDRO E SÃO PAULO
### (Mt 16,13-19)

Naquele tempo, [13]Jesus foi à região de Cesareia de Filipe e ali perguntou aos seus discípulos: "Quem dizem os homens ser o Filho do Homem?"

[14]Eles responderam: "Alguns dizem que é João Batista; outros que é Elias; outros, ainda, que é Jeremias ou algum dos profetas".

[15]Então Jesus lhes perguntou: "E vós, quem dizeis que eu sou?" [16]Simão Pedro respondeu: "Tu és o Messias, o Filho do Deus vivo".

[17]Respondendo, Jesus lhe disse: "Feliz és tu, Simão, filho de Jonas, porque não foi um ser humano que te revelou isso, mas o meu Pai que está no céu. [18]Por isso eu te digo que tu és Pedro, e sobre esta pedra construirei a minha Igreja, e o poder do inferno nunca poderá vencê-la. [19]Eu te darei as chaves do Reino dos Céus: tudo o que ligares na terra será ligado nos céus; tudo o que desligares na terra será desligado nos céus".

## TU ÉS O MESSIAS, O FILHO DE DEUS
### (Dramatização)

**Personagens:** Jesus, Pedro, apóstolos, narrador, alguém segurando um cartaz, onde se lê: "Cesareia".

**Narrador:** Tudo aconteceu em Cesareia. Jesus perguntou aos discípulos.

**Jesus:** Amigos, que dizem os homens de mim?

**1º Apóstolo:** Algumas pessoas dizem que és João Batista.

**2º Apóstolo:** Outras pessoas falam que és o profeta Elias.

**3º Apóstolo:** Um terceiro grupo afirma que és o profeta Jeremias.

**4º Apóstolo:** Jesus é um novo profeta.

**Narrador:** Jesus perguntou aos apóstolos.

**Jesus:** E vocês, que acham de mim?

**Pedro:** Tu és o Messias, filho de Deus vivo.

**Jesus:** Bem-aventurado és tu, Pedro, que ouviu o que o Pai do Céu disse.

**Narrador:** Jesus se aproximou de Pedro e o abraçou.

**Jesus:** Tu és Pedro e sobre ti construirei minha Igreja. As portas da Igreja nunca se abrirão para os que estão no inferno.

**Narrador:** Jesus tira de seu manto grandes chaves e fala:

**Jesus:** Aqui estão as chaves do Reino de Deus.

**Narrador:** Jesus faz uma pausa e continua a falar.

**Jesus:** Pedro! O que fizestes na terra será repetido por mim no Céu.

**Narrador:** E nós seremos recebidos no Reino dos Céus se um padre ou frade nos perdoar aqui na terra.

**Todos:** Viva São Pedro, o primeiro papa! Viva Jesus, o Filho de Deus!

---

**Reflexão:** *Hoje comemoramos os apóstolos Pedro e Paulo, que espalharam pelo mundo o Evangelho e a fé em Jesus Cristo. É a mesma fé que hoje professamos e pela qual esperamos alcançar a salvação.*

# UM PROFETA SÓ NÃO É ESTIMADO EM SUA PÁTRIA

**14º DOMINGO DO TEMPO COMUM**
(Mc 6,1-6)

Naquele tempo, [1]Jesus foi a Nazaré, sua terra, e seus discípulos o acompanharam.

[2]Quando chegou o sábado, começou a ensinar na sinagoga. Muitos que o escutavam ficavam admirados e diziam: "De onde recebeu ele tudo isto? Como conseguiu tanta sabedoria? E esses grandes milagres realizados por suas mãos?

[3]Este homem não é o carpinteiro, filho de Maria e irmão de Tiago, de Joset, de Judas e de Simão? Suas irmãs não moram aqui conosco?"

E ficaram escandalizados por causa dele.

[4]Jesus lhes dizia: "Um profeta só não é estimado em sua pátria, entre seus parentes e familiares".

[5]E ali não pôde fazer milagre algum. Apenas curou alguns doentes, impondo-lhes as mãos. [6]E admirou-se com a falta de fé deles.

Jesus percorria os povoados da redondeza, ensinando.

## NINGUÉM É IMPORTANTE EM SUA PRÓPRIA CASA

A loja de brinquedos estava muito bem arrumada: as caixas com bonecas enfileiradas nas estantes atraíam todos os olhares de quem lá estava; os bonecos nas prateleiras pareciam dizer: "olhem para nós" ou "levem-nos para sua casa". No canto da loja havia bicicletas de todos os tamanhos e cores. Muitos patins coloridos esperavam com calma sua vez de serem levados por meninos ou meninas. Aviões, trenzinhos e automóveis, todos de controle remoto, queriam ser comprados para crianças que os amariam, com certeza!

Dentro de uma caixa florida, uma boneca olhava para tudo, encantada! As crianças foram chegando. Era véspera de Natal e as mamães, os papais e os filhos escolhiam o que comprar.

A alegria era geral! A Bonequinha Preta via, com tristeza, que ninguém gostava dela.

— Você é feia! — dizia o polichinelo de corda.

— Você é preta! — falavam todos.

— Ninguém a quer.

A Bonequinha Preta, quietinha, sofria ao ouvir o que diziam dela.

— Será que realmente eu não presto para nada? Eu até que sou bonitinha: tenho um cabelo bonito, todo enrolado em trancinhas; meus olhos grandes e arregalados sabem abrir e fechar; minha boquinha vermelha está pronta para beijar. A Bonequinha Preta estava cada vez mais triste.

À meia-noite, os brinquedos criavam vida porque a Fadinha Azul jogava seu pó "tri-lim-trim-trim" mágico.

Embora muitos já tivessem sido vendidos, os que ficavam na loja falavam, dançavam, cantavam, enquanto os trenzinhos corriam nos trilhos, os automóveis buzinavam.

As bonequinhas dançavam e cantavam alegremente, mas a Bonequinha Preta não foi convidada e, quietinha, continuava em sua caixinha florida, abandonada. Duas horas depois, a Fadinha Azul voltou e novamente jogou seu pó "tri-lim-trim-trim".

Os brinquedos ficaram quietinhos...

A Bonequinha Preta ganhou o pó "tri-lim-trim-trim" e irradiou uma luz belíssima que atraía todos os olhares. Quando amanheceu, uma menina de vestido de bolinhas vermelhas entrou na loja com seu pai. Olhou para todos, mas se apaixonou pela Bonequinha Preta. Com cuidado, tirou-a da caixa, abraçou-a e disse:

— Pai, é esta que eu quero!

E, pela primeira vez, a Bonequinha Preta se sentiu feliz.

---

**Reflexão:** *A Bonequinha Preta nada valia para todos os da Loja de Brinquedos, mas sentiu-se amada pela menina do vestido de bolas vermelhas.*

# JESUS ENVIA SEUS MENSAGEIROS

> **15º DOMINGO DO TEMPO COMUM**
> (Mc 6,7-13)
>
> Naquele tempo, [7]Jesus chamou os doze, e começou a enviá-los dois a dois, dando-lhes poder sobre os espíritos impuros.
> [8]Recomendou-lhes que não levassem nada pelo caminho, a não ser um cajado; nem pão, nem sacola, nem dinheiro na cintura. [9]Mandou que andassem de sandálias e que não levassem duas túnicas.
> [10]E Jesus disse ainda: "Quando entrardes numa casa, ficai ali até vossa partida. [11]Se em algum lugar não vos receberem, nem quiserem vos escutar, quando sairdes, sacudi a poeira dos pés, como testemunho contra eles".
> [12]Então os doze partiram e pregaram que todos se convertessem. [13]Expulsavam muitos demônios e curavam numerosos doentes, ungindo-os com óleo.

## A PEQUENA APÓSTOLA

Julieta, de doze anos, era filha única e sentia falta da companhia de outras crianças. O que mais a emocionava era brincar com os garotos e as garotas do orfanato, ao lado de sua casa.

Como lia muito, Julieta sabia muitas histórias, lendas e fábulas. Além disso, todos os domingos ela guardava o folheto da Missa das Crianças e depois o usava para contar as historinhas nele publicadas.

Certa vez, Julieta foi convidada para passar o dia numa praia, onde morava seu tio Juca.

Dona Cora, mãe de Julieta, preparou muitas coisas gostosas para o fim de semana. Dona Cora e o marido, seu Júlio, estavam animadíssimos com o passeio.

— Julieta, já arrumou sua mala com biquíni, pés-de-pato, prancha, protetor solar, enfim, tudo o que vai precisar

— Fique sossegada, mãe. Já estou pronta!

Julieta, dona Cora e seu Júlio chegaram sexta-feira à noite e dormiram maravilhosamente bem com o "chuá-chuá" das ondas do mar.

Sábado cedinho, Julieta, com seu chinelo de dedo, shortinho e camiseta, já estava de pé.

— A bênção, tia Nena. A bênção, tio Juca.

Depois do café, Julieta pediu ao tio:

— Leve-me, tio, eu não sei onde é...

— A praia?

— Não, tio, o senhor não se lembra que me falou de uma família com crianças de quatro, cinco, seis, sete, oito, nove, dez, onze e doze anos?

— Ah! Sim! A casa de nossa empregada dona Maria.

— Leve-me lá. Por favor, avise mamãe e papai. Eles, certamente, acordarão tarde.

E lá se foi Julieta para a casa de dona Maria, alegre e saltitante.

Foi uma festa; as crianças, no mesmo instante, entrosaram-se, brincaram o dia todo e almoçaram juntos: arroz, feijão, com um pedacinho de carne e farinha.

Depois, Julieta contou aos novos amiguinhos as histórias da "Sapa Cristina", "O vaga-lume", "A Formiguinha Nica", "A árvore das estrelas", "O cavalo e o curumim", "Coelhinho sabido", "Lenda do Pelicano", e a "Fábula da Raposa e das uvas".

Eram histórias de amor, paz, obediência, alegria, sabedoria, e todos bateram palmas.

---

**Reflexão:** *Julieta é uma apóstola de Jesus que gosta de ajudar as pessoas a serem felizes. Vai sem nada levar, a não ser sua alegria e seu amor, aceitando o que lhe derem.*

# ELES ERAM COMO OVELHAS SEM PASTOR

**16º DOMINGO DO TEMPO COMUM**
(Mc 6,30-34)

Naquele tempo, [30]os apóstolos reuniram-se com Jesus e contaram tudo o que haviam feito e ensinado.

[31]Ele lhes disse: "Vinde sozinhos para um lugar deserto e descansai um pouco". Havia, de fato, tanta gente chegando e saindo que não tinham tempo nem para comer.

[32]Então foram sozinhos, de barco, para um lugar deserto e afastado. [33]Muitos os viram partir e reconheceram que eram eles. Saindo de todas as cidades, correram a pé, e chegaram lá antes deles.

[34]Ao desembarcar, Jesus viu uma numerosa multidão e teve compaixão, porque eram como ovelhas sem pastor. Começou, pois, a ensinar-lhes muitas coisas.

## QUEM É NOSSO PASTOR?
### (Jogral)

**Grupo A:** Isso aconteceu, eu repito há muitos anos. Quem nos contou foi São Marcos, um bom rapaz!

**Grupo B:** Os apóstolos reunidos ouviram Jesus falar. Depois disseram a Jesus o que estiveram a ensinar.

**A:** Ensinaram que Jesus era nosso bom pastor. Nada nos falta no mundo, porque Jesus é amor.

**B:** Jesus é o pastor, nosso amigo, que nos protege e conduz. Com alegria e com fé, o bom pastor é Jesus.

**A:** Jesus chamou os apóstolos para irem a um deserto. Não havia muita gente e o deserto era bem perto.

**B:** Mas o inesperado aconteceu: juntou gente, multidão. Todos queriam ajuda, todos queriam perdão.

**A:** Os apóstolos, coitadinhos, não podiam nem comer. Não tinham tempo para nada, só atender, atender.

**B:** Queriam milagres de cura, milagres de noite e de dia. Milagres, os mais diversos, a multidão assim queria.

**Todos:** Logo os doze apóstolos foram com o bom Jesus para um lugar bem mais longe, lugar de paz e de luz.

**A:** Mas muitos da multidão eles os viram partir. Perceberam que eram eles que estavam a fugir.

**B:** E todos correram atrás, estavam desesperados. Jesus! Espere por nós! Veja como estamos cansados.

**Todos:** E vinha gente de longe, das montanhas, do sertão. Queriam Jesus para eles, Jesus pastor e irmão.

**A:** Jesus, ao desembarcar, viu a grande multidão. E Jesus ficou com pena, pois tinha bom coração.

**B:** Eram ovelhas sem pastor, Jesus teve compaixão. Ensinou--lhes muitas coisas, fé, amor, paz e perdão.

**Todos:** Nós também somos ovelhas do pastor que é Jesus. Ele é nossa alegria, nossa vida, nossa luz!

> **Reflexão:** *Nós também somos ovelhas do pastor que é Jesus. Ele é nossa alegria, nossa vida, nossa luz!*

# SACIAI VOSSOS FILHOS, Ó SENHOR!

**17º DOMINGO DO TEMPO COMUM**
(Jo 6,1-15)

Naquele tempo, ¹Jesus foi para o outro lado do mar da Galileia, também chamado de Tiberíades. ²Uma grande multidão o seguia, porque via os sinais que ele operava a favor dos doentes. ³Jesus subiu ao monte e sentou-se aí, com seus discípulos. ⁴Estava próxima a Páscoa, a festa dos judeus. ⁵Levantando os olhos, e vendo que uma grande multidão estava vindo ao seu encontro, Jesus disse a Filipe: "Onde vamos comprar pão para que eles possam comer?"

⁶Disse isso para pô-lo à prova, pois ele mesmo sabia muito bem o que ia fazer. ⁷Filipe respondeu: "Nem duzentas moedas de prata bastariam para dar um pedaço de pão a cada um".

⁸Um dos discípulos, André, o irmão de Simão Pedro, disse:

[9]"Está aqui um menino com cinco pães de cevada e dois peixes. Mas o que é isto para tanta gente?"

[10]Jesus disse: "Fazei sentar as pessoas". Havia muita relva naquele lugar, e lá se sentaram, aproximadamente, cinco mil homens. [11]Jesus tomou os pães, deu graças e distribuiu-os aos que estavam sentados, tanto quanto queriam. E fez o mesmo com os peixes.

[12]Quando todos ficaram satisfeitos, Jesus disse aos discípulos: "Recolhei os pedaços que sobraram, para que nada se perca!" [13]Recolheram os pedaços e encheram doze cestos com as sobras dos cinco pães, deixadas pelos que haviam comido.

[14]Vendo o sinal que Jesus tinha realizado, aqueles homens exclamavam: "Este é verdadeiramente o Profeta, aquele que deve vir ao mundo". [15]Mas, quando notou que estavam querendo levá-lo para proclamá-lo rei, Jesus retirou-se de novo, sozinho, para o monte.

# DE REPENTE...

Rafael era um menino pobre que vivia numa comunidade de gente simples. Ele era muito querido na escola pública, atencioso, gentil, gostava de conversar e ajudar os que sabiam menos que ele. Muito sorridente, Rafael estava sempre de bom humor, embora cansado de muito trabalhar em casa.

Rafael tinha um sonho: ganhar uma festa de aniversário. Mas como? Ele era tão pobre.

Um dia, Rafael contou seu desejo a um amigo, que contou a outro, que contou a muitas crianças da comunidade e da escola.

No dia de seu aniversário, como era um dia de semana, o menino varreu a casa, apanhou água no poço e foi para a feira vender cocadinhas. À hora do almoço, voltou para casa, tomou banho na torneira, comeu aipim e foi para a escola.

Ao chegar, notou que todos os colegas haviam faltado e até a professora não estava.

Voltando para casa, que surpresa!

Os colegas e a professora estavam no quintal de sua casa. Haviam feito, com dois troncos de árvore e uma tábua, uma grande mesa.

Dona Laís, mestra, havia levado uma toalha rendada e fizera um gostoso chocolate com leite, trazido pelo Zé, que tinha uma vaquinha. O chocolate lhe foi oferecido pelo Quincas, da mercearia "Tem Tudo". Cada criança levara dois pãezinhos e o senhor Tadeu, da fazenda "Três Irmãos", forneceu manteiga para todos. Que delícia!

Rafael esfregou os olhos; parecia não acreditar no que via, mas era... verdade... Uma festa para ele no dia de seu aniversário!

Ao se aproximar, ganhou uma salva de palmas, o canto de "Parabéns", e abraços de todos os colegas e amigos, além de um abraço especial de sua querida professora.

Rafael estava muito feliz e, entre lágrimas, disse bem alto:

— Obrigado a todos!

— Obrigado, meu Deus!

Os pais de Rafael ficaram muito comovidos, porque aquela festa, organizada com tanto amor e carinho, era uma prova evidente de que seu filho era querido pelos colegas e sobretudo por sua mestra.

---

**Reflexão:** *Com muito amor, fé e alegria, os colegas e a professora de Rafael transformaram pães, leite e chocolate numa grande festa, inesquecível para ele.*

*Assim Jesus fez com os pães: multiplicou-os e dividiu-os, num ato de amor.*

# ESTE É MEU FILHO AMADO

**TRANSFIGURAÇÃO DO SENHOR**
(Mc 9,2-10)

Naquele tempo, [2]Jesus tomou consigo Pedro, Tiago e João, e os levou sozinhos a um lugar à parte, sobre uma alta montanha. E transfigurou-se diante deles

[3]Suas roupas ficaram brilhantes e tão brancas, como nenhuma lavadeira sobre a terra poderia alvejar. [4]Apareceram-lhe Elias e Moisés, e estavam conversando com Jesus.

[5]Então Pedro tomou a palavra e disse a Jesus: "Mestre, é bom fica mos aqui. Vamos fazer três tendas: uma para ti, outra para Moisés e outra para Elias".

[6]Pedro não sabia o que dizer, pois estavam todos com muito medo.

[7]Então desceu uma nuvem e os encobriu com sua sombra. E da nuvem saiu uma voz: "Este é meu Filho amado. Escutai o que ele diz!"

[8]E, de repente, olhando em volta, não viram mais ninguém, a não ser somente Jesus com eles.

[9]Ao descerem da montanha, Jesus ordenou que não contassem a ninguém o que tinham visto, até que o Filho do Homem tivesse ressuscitado dos mortos.

[10]Eles observaram esta ordem, mas comentavam entre si o que queria dizer "ressuscitar dos mortos".

## A TRANSFORMAÇÃO DE CRIS

Lá, no alto do céu, onde moram as estrelas, a Lua e os outros planetas, estavam quatro estrelinhas: Kiti, Niki, Liki e Cris.

As quatro estrelinhas passeavam no céu, entre as nuvens mais altas; ora se escondiam em nuvens escuras, ora deslizavam em nuvens claras.

De vez em quando, elas se afastavam umas das outras, mas logo se encontravam.

Em certo momento, Cris afastou-se e começou a brilhar mais forte; era uma luz tão clara e linda que as outras estrelinhas se assustaram.

— Cris, o que lhe aconteceu? — gritaram as três em uma só voz.

No mesmo instante surgiram mais duas estrelinhas ao lado de Cris, que brilhavam muito e encantavam as três estrelinhas.

— Oh! Que linda visão! — disseram Kiti e Niki.

— Fiquem conosco. Seremos seis lindas estrelas passeando no céu! Juntem-se a nós — falou Liki, deslumbrada diante da beleza das três estrelas a sua frente.

Para o espanto delas, surgiu no firmamento um cometa cruzando o espaço e, com um som solene, deu sua mensagem:

— Essa estrelinha, Cris, é minha filha, eu a amo muito. Ela tem a missão de iluminar todos os povos, orientar os caminhos do céu. Ela é minha filha amada.

Quando o cometa passou, as outras duas estrelas haviam desaparecido. Voltou tudo a ser como era antes, e as quatro estrelinhas continuaram seu caminho como grandes amigas que eram.

**Reflexão:** *A historinha de hoje nos ensina que todos os que se aproximam de uma grande luz ficam iluminados. Assim, no Evangelho, os que estavam próximos de Jesus se maravilharam com sua luz, e quem se aproximou da luz não quis voltar à escuridão. Guardemos essa mensagem para que nós caminhemos sempre em direção ao brilho de Jesus.*

*Hoje, comemoramos o momento em que Jesus se reveste de sua divindade para nos mostrar que é Filho de Deus.*

# SENHOR, DÁ-NOS SEMPRE DESSE PÃO

**18º DOMINGO DO TEMPO COMUM**
(Jo 6,24-35)

Naquele tempo, ²⁴quando a multidão viu que Jesus não estava ali, nem os seus discípulos, subiram às barcas e foram à procura de Jesus, em Cafarnaum.

²⁵Quando o encontraram no outro lado do mar, perguntaram-lhe: "Rabi, quando chegaste aqui?"

²⁶Jesus respondeu: "Em verdade, em verdade, eu vos digo: estais me procurando não porque vistes sinais, mas porque comestes pão e ficastes satisfeitos. ²⁷Esforçai-vos não pelo alimento que se perde, mas pelo alimento que permanece até a vida eterna, e que o Filho do Homem vos dará. Pois este é quem o Pai marcou com seu selo".

²⁸Então perguntaram: "Que devemos fazer para realizar as obras de Deus?"

²⁹Jesus respondeu: "A obra de Deus é que acrediteis naquele que ele enviou".

³⁰Eles perguntaram: "Que sinal realizas, para que possamos ver e crer em ti? Que obra fazes? ³¹Nossos pais comeram o maná no deserto, como está na Escritura: 'Pão do céu deu-lhes a comer'".

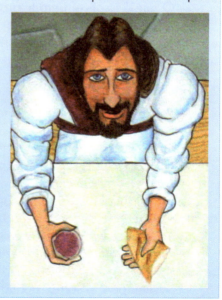

³²Jesus respondeu: "Em verdade, em verdade, vos digo, não foi Moisés quem vos deu o pão que veio do céu. É meu Pai que vos dá o verdadeiro pão do céu. ³³Pois o pão de Deus é aquele que desce do céu e dá vida ao mundo".

> [34]Eles pediram: "Senhor, dá-nos sempre desse pão".
> [35]Jesus lhes disse: "Eu sou o pão da vida. Quem vem a mim não terá mais fome, e quem crê em mim nunca mais terá sede".

# O VENCEDOR DO CONCURSO

A garotada estava alegre e animada. Alguns meninos se inscreveram no concurso "O Rei dos Pães" e esperavam os votos necessários e os aplausos finais

— Este é meu candidato: o gostoso Pão Francês. Ótimo, quando quentinho, com manteiga ou margarina — disse Luís.

— Oba! Legal! Em cima!

— Meu pão é o maior. É o Pão de Hambúrguer. Quem não gosta de hambúrguer com queijo? — gritou Carlos.

— Oba! Legal! Em cima!

— Vejam! O meu é Pão Doce, com recheio de creme e ameixa. Pode haver mais gostoso? — falou com graça o bolachudo Antônio.

— Meu preferido é o Pão de Forma para fazer canapés — disse Jorge.

— O que é isso? — perguntaram os outros.

— Canapés são sanduíches pequenos e delicados, enfeitados com maionese, queijo, presunto, azeitona, ameixa, sardinha etc.

— Oba! Legal! Em cima!

Carlos esticou o braço:

— Vejam que fofinho, douradinho, l vezinho... é o Pão de Ló.

— Oba! Legal! Em cima!

Roberto desembrulhou seu pão predileto:

— Eu gosto mais do Pão Preto, que alimenta e não engorda.

— Oba! Legal! Em cima!

Jurema ia colocar a urna para recolher os votos da criançada, quando Suzana pediu a vez para falar:

— Venham comigo à igreja. Venham ouvir o padre Zezinho.

Todos correram para conhecer o novo candidato: que Pão seria?

O jovem padre sorriu quando soube que as crianças

estavam procurando coroar o Rei do Pão. Levou-as até o altar e disse-lhes:

— O mais importante pão do mundo é o "Pão do Céu". Quem o come terá vida eterna e muita paz e alegria na terra.

Todas as crianças gritaram:

— Este pão não se pode comparar. Ele é o mais importante, realmente! É o Pão da Vida!

As crianças desenharam a hóstia e enfeitaram-na com uma coroa de flores. Estava decidido.

O pão de Deus é o "Rei dos Pães".

# O PÃO DE JESUS

**Lado A:** Um dia Jesus partiu para um lugar deserto; a multidão atrás, seguindo-o de perto.

**Lado B:** Na tardinha os apóstolos a Jesus se achegaram:

**Apóstolos:** "Já é tarde, Senhor, e eles não se afastaram. Este lugar é deserto: despede a multidão, para que o povo faminto possa comprar o pão".

**Lado A:** Mas Jesus, muito tranquilo, pôs-se logo a dizer:

**Jesus:** "Eles não saem daqui, dai-lhes vós de comer!"

**Apóstolos:** "Dois peixes e cinco pães é o que podemos arrumar. A fome deste povo não dá para matar".

**Lado A:** "Tragam-me tudo aqui, não vão se preocupar. Dois peixes e cinco pães bastam e vão sobrar".

**Lado B:** Sentou-se em grande roda a faminta multidão. Jesus olhou pro céu e fez sua oração.

**Lado A:** Depois disse sua bênção sobre a pobre comida. E repartiu o pão que era Pão da Vida.

**Lado B:** Os apóstolos deram pão à multidão faminta; distribuíram peixe e a fome foi extinta.

**Lado A:** Ficaram bem satisfeitos e muita comida sobrou. Sempre sobra comida lá onde o amor pintou...

> **Reflexão:** *Jesus é o verdadeiro Pão de nossa vida. É justamente na Eucaristia que ele se faz nosso alimento. É com esse alimento que nos tornamos fortes contra todos os perigos da vida.*

# TODO AQUELE QUE ESCUTOU O PAI VEM A MIM!

### 19º DOMINGO DO TEMPO COMUM
### (Jo 6,41-51)

Naquele tempo, [41]os judeus começaram a murmurar a respeito de Jesus, porque havia dito: "Eu sou o pão que desceu do céu".

[42]Eles comentavam: "Não é este Jesus o filho de José? Não conhecemos seu pai e sua mãe? Como pode então dizer que desceu do céu?"

[43]Jesus respondeu: "Não murmureis entre vós. [44]Ninguém pode vir a mim, se o Pai que me enviou não o atrai. E eu o ressuscitarei no último dia. [45]Está escrito nos profetas: 'Todos serão discípulos de Deus'. Ora, todo aquele que escutou o Pai, e por ele foi instruído, vem a mim. [46]Não que alguém já tenha visto o Pai. Só aquele que vem de junto de Deus viu o Pai. [47]Em verdade, em verdade vos digo, quem crê, possui a vida eterna.

[48]Eu sou o pão da vida. [49]Os vossos pais comeram o maná no deserto e, no entanto, morreram. [50]Eis aqui o pão que desce do céu: quem dele comer, nunca morrerá. [51]Eu sou o pão vivo descido do céu. Quem comer deste pão viverá eternamente. E o pão que eu darei é a minha carne dada para a vida do mundo".

## AS FLORES E O JARDINEIRO

Jaci era o jardineiro do Hotel Fazenda Javari.

Cuidava de um enorme jardim cheio de flores: eram rosas, lírios, gerânios, jasmins, manacás, violetas e muitas outras.

O perfume das flores bailava no ar, atraindo passarinhos, borboletas, abelhinhas.

Jaci resolveu fazer o Cantinho das Orquídeas. Separou com carinho e sabedoria mudas de orquídeas. Escolheu xaxins para plantá-las e colocá-las numa grande árvore.

Uma das plantinhas gritou:

— Eu não quero ficar presa na árvore!

— Preciso de liberdade!

— As outras flores não são plantadas na terra?

As plantinhas reclamaram muito e disseram coisas feias.

Jaci entendeu o que elas disseram porque todo bom jardineiro compreende a linguagem das plantas.

Ficou bem triste e disse:

— Elas não sabem de nada: são orgulhosas, bobas e desobedientes. Farei o que elas querem e vão se arrepender.

Jaci plantou as bobinhas na terra, como queriam, e a única que não tinha dito nada foi levada ao xaxim e colocada na grande árvore.

O tempo passou, passou...

As plantinhas não floriram, mas a que estava ligada à árvore, ah... essa, sim, deu um cacho de flores lilases lindíssimas.

A árvore, através da seiva, deu força a sua planta e ela, alimentada, cresceu linda, lindíssima, atraindo todos os que por ali passavam... dando-lhes alegria, beleza e paz.

**Reflexão:** *Assim como a linda orquídea precisa da seiva da árvore, nós precisamos do pão da vida eterna que é Jesus!*

# ELE FEZ GRANDES COISAS EM MEU FAVOR

## ASSUNÇÃO DE NOSSA SENHORA
### (Lc 1,39-56)

Naqueles dias, [39]Maria partiu para a região montanhosa, dirigindo-se, apressadamente, a uma cidade da Judeia.

[40]Entrou na casa de Zacarias e cumprimentou Isabel.

[41]Quando Isabel ouviu a saudação de Maria, a criança pulou no seu ventre e Isabel ficou cheia do Espírito Santo. [42]Com grande grito, exclamou: "Bendita és tu entre as mulheres e bendito é o fruto do teu ventre! [43]Como posso merecer que a mãe do meu Senhor me venha visitar? [44]Logo que a tua saudação chegou aos meus ouvidos, a criança pulou de alegria no meu ventre. [45]Bem-aventurada aquela que acreditou, porque será cumprido o que o Senhor lhe prometeu".

[46]Então Maria disse: "A minha alma engrandece o Senhor, [47]e o meu espírito se alegra em Deus, meu Salvador, [48]porque olhou para a humildade de sua serva. Doravante todas as gerações me chamarão bem-aventurada, [49]porque o Todo-poderoso fez grandes coisas em meu favor. O seu nome é santo, [50]e sua misericórdia se estende, de geração em geração, a todos os que o respeitam.

[51]Ele mostrou a força de seu braço: dispersou os soberbos de coração. [52]Derrubou do trono os poderosos e elevou os humildes. [53]Encheu de bens os famintos, e despediu os ricos de mãos vazias. [54]Socorreu Israel, seu servo, lembrando-se de sua misericórdia, [55]conforme prometera aos nossos pais, em favor de Abraão e de sua descendência, para sempre".

[56]Maria ficou três meses com Isabel; depois voltou para casa.

# ORAÇÃO A MARIA

### (Proclamada por todos)

Ó Maria Menina, filha de Joaquim e Ana, zela por todas as crianças e cuida delas em sua caminhada.

Ó Maria anunciada como Mãe do Salvador, sê Mãe de todas as crianças, dá a todas proteção e amor.

Ó Maria, Mãe do Menino Jesus, ensina todas as crianças a carregarem teu Filho no coração.

Ó Maria, Mãe de Cristo, ajuda-nos a permanecer com ele na dor e no sofrimento, sem perder a fé na salvação.

Ó Maria, Mãe do Ressuscitado, zela pela humanidade que caminha sem esperança.

Ó Maria Assunta ao Céu, lembra de nós, todos os dias, e encaminha-nos com muita alegria e amor.

Sabemos, ó Maria, que hoje no Céu estás coroada como Rainha de todos os que têm fé. Dá-nos coração grande para guardarmos todos os exemplos que nos deste.

Ó Maria, Mãe do Céu e da Terra, dá-nos um coração grande, capaz de *amar* e *perdoar* a todos.

A bênção, Maria do Céu!

# ASSUNÇÃO DE MARIA
## (Jogral)

**Lado 1:** Deus escolhe os bons, para realizar seus planos.

**Lado 2:** Por isso escolheu Maria para a Mãe de Jesus.

**Um menino:** Ao escolher Maria, Deus olhou muitas coisas.

**Lado 1:** Precisava de sua humildade tanto quanto de sua caridade.

**Lado 2:** Precisava de sua oração e também de sua ação.

**Uma menina:** Deus nela confiou porque ela acreditou.

**Lado 1:** Acreditou que, um dia, Deus enviaria seu Filho.

**Lado 2:** Acreditou também que Deus salvaria o mundo.

**Um menino:** Deus tornou-a muito bela.

**Lado 1:** Bela aos olhos de Deus, bela aos olhos humanos.

**Lado 2:** Todos se voltam para ela, cantando muitos louvores.

**Uma menina:** Jesus, em toda a sua vida, admirou sua mãe.

**Lado 1:** Muitas vezes dela falou mostrando todo o seu amor.

**Lado 2:** Lá na cruz, entregou ao amigo a mãe que muito amou.

**Um menino:** Todo ser humano deve chegar ao céu.

**Lado 1:** Mas Maria, a escolhida, foi direto para o Céu.

**Lado 2:** Pois nosso Deus, muito amado, elevou Maria de corpo e alma.

**Todos:** Foi assim que a Mãe de Deus chegou a sua nova morada.

**Uma menina:** Até hoje, os cristãos louvam a Mãe do Senhor.

**Lado 1:** Louvam sua vida exemplar.

**Lado 2:** Louvam sua morte sem igual.

**Todos:** E nós, hoje, ó Maria, erguemos nossa voz para louvá-la com alegria, porque é exemplo para nós.

# CARNE E SANGUE DE JESUS

**20º DOMINGO DO TEMPO COMUM**
(Jo 6,51-58)

Naquele tempo, disse Jesus às multidões dos judeus: ⁵¹"Eu sou o pão vivo descido do céu. Quem comer deste pão viverá eternamente. E o pão que eu darei é a minha carne dada para a vida do mundo".

⁵²Os judeus discutiam entre si, dizendo: "Como é que ele pode dar a sua carne a comer?"

⁵³Então Jesus disse: "Em verdade, em verdade, vos digo, se não comerdes a carne do Filho do Homem e não beberdes o seu sangue, não tereis a vida em vós. ⁵⁴Quem come a minha carne e bebe o meu sangue tem a vida eterna, e eu ressuscitarei no último dia. ⁵⁵Porque a minha carne é verdadeira comida e o meu sangue, verdadeira bebida. ⁵⁶Quem come a minha carne e bebe o meu sangue permanece em mim e eu nele. ⁵⁷Como o pai, que vive, me enviou, e eu vivo por causa do Pai, assim o que me come viverá por causa de mim. ⁵⁸Este é o pão que desceu do céu. Não é como aquele que os vossos pais comeram. Eles morreram. Aquele que come este pão viverá para sempre".

# QUAL É O MELHOR ALIMENTO?

Lá se foi a fila de formiguinhas andando ligeiras! Pé cá, pé lá, pé cá, pé lá. Deixaram o formigueiro à procura de alimento, não só para aquele dia, como para os seguintes, incluindo o Inverno, quando o frio as impedia de sair de casa.

Procuraram por todos os lados açúcar em pedrinhas ou em pó, folhinhas tenras, leves e grandes que pudessem ser cortadas e armazenadas, pequenos gravetos, grãos diversos, restos de comida.

Acharam folhas, gravetos, comida, mas a sobremesa predileta de todas... nada! Nada!

— Queremos açúcar!

— Precisamos de açúcar!

— Açúcar é nosso alimento principal!

E lá se foi a correição de formiguinhas: pé cá, pé lá, pé cá, pé lá.

— Queremos açúcar!

— Precisamos de açúcar!

Todas eram vermelhas e exímias cortadeiras de folhas.

Já estavam com muita carga. Que peso para elas, tão fraquinhas e pequenas...

Como, porém, constituem um modelo de trabalhadoras, não desistiram: voltaram do formigueiro, pé cá, pé lá, pé cá, pé lá, descarregaram o que tinham encontrado e saíram novamente. Subiam árvores, visitavam jardins, pomares e... nada.

— Queremos açúcar!

— Precisamos de açúcar!

No meio da escuridão da noite, a correição voltou ao trabalho, sem pensar em cansaço.

— Psiu! Psiu! Eu estou aqui. Podem levar-me. Vocês merecem. São o símbolo do trabalho.

— Você? Você não é açúcar... Você é uma planta!

— Sim! Sou planta! A planta do açúcar.

— Não acreditamos.

— É verdade, formiguinhas cortadeiras, cortem um pedacinho desse caule. Sintam que gostinho bom.

132

— Roque, roque, roque, roque...

Puseram-se a furar a casca dura da planta e de repente sentiram o gostinho delicioso do açúcar. Só que era um caldinho.

— Que gostoso!

— Que delícia!

Parece açúcar, mas não é.

A plantinha respondeu-lhes:

— Vocês não sabem porque são formiguinhas. É de mim que fazem o açúcar.

— Como é seu nome?

— Cana-de-açúcar.

— Viva! Viva! Que bom! Teremos agora alimento para toda a vida.

E as trabalhadeiras cortaram pedacinhos de cana e levaram para o formigueiro. Estavam salvas.

**Reflexão:** *As formiguinhas conseguiram descobrir o alimento que as salvaria da fome, do frio, das fraquezas e doenças. E nós? Sabemos qual o alimento que nos dá a vida eterna?*

# A QUEM IREMOS, SENHOR?

### 21º DOMINGO DO TEMPO COMUM
#### (Jo 6,60-69)

Naquele tempo, [60]muitos dos discípulos de Jesus, que o escutaram, disseram: "Esta palavra é dura. Quem consegue escutá-la?"
[61]Sabendo que seus discípulos estavam murmurando por causa disso mesmo, Jesus perguntou: "Isto vos escandaliza? [62]E quando virdes o Filho do Homem subindo para onde estava antes? [63]O Espírito é que dá vida, a carne não adianta nada. As palavras que vos falei são espírito e vida. [64]Mas entre vós há alguns que não creem". Jesus sabia, desde o início, quem eram os que não tinham fé e quem havia de entregá-lo.
[65]E acrescentou: "É por isso que vos disse: ninguém pode vir a mim, a não ser que lhe seja concedido pelo Pai".
[66]A partir daquele momento, muitos discípulos voltaram atrás e não andavam mais com ele.
[67]Então, Jesus disse aos doze: "Vós também quereis ir embora?"
[68]Simão Pedro respondeu: "A quem iremos, Senhor? Tu tens palavras de vida eterna. [69]Nós cremos firmemente e reconhecemos que tu és o Santo de Deus".

## AS APARÊNCIAS ENGANAM

Eram duas irmãs: Célia e Glória, conhecidas por Celinha e Glorinha. Celinha, de dez anos, era muito antipática, ao contrário de Glorinha, de doze anos, simpática à primeira vista. Celinha era linda! Cabelos louros e compridos, olhos azuis da cor do céu, boquinha vermelha e bem desenhada, corada mesmo sem pintura. Glorinha não era bela: cabelos castanhos, muito finos e sem brilho, olhos castanhos, pequenos, sem expressão, pele morena e pálida.

No entanto, Celinha não tinha muitos amigos e Glorinha vivia rodeada de jovens, crianças e adultos. Sabia conversar com todos, cantava muito bem, acompanhando-se ao vilão. Além disso, sabia um monte de histórias que encantavam a todos. Glorinha animava os desanimados, alegrava os tristes e sempre levava palavras de conforto aos doentes. Celinha não tinha tempo para ninguém porque gastava o dia com ela mesma, escovando os cabelos, tratando as unhas, fazendo malhação, dançando em frente ao espelho.

— Sou linda! Ninguém é mais bonita que eu. Dia após dia, ficava mais antipática. Não se preocupava com ninguém, não conversava com os colegas, nem visitava os doentes.

— Meu tempo é pouco para cuidar de meus cabelos e de meu corpo.

Um dia, resolveram fazer a escolha da amiga número um, da mais importante do bairro.

— Importante? Sou eu! Eu sou bonita! Eu sou uma rainha! O bairro ficou agitado. Cada um fez alguma coisa: confeccionaram a coroa dourada e a faixa, onde se lia "Rainha do Bairro". Bateram bolos, fizeram docinhos e sucos de frutas.

À noite, reuniram-se todos na pracinha e os rapazes tocaram músicas alegres, ao sopro do violão, bateria e teclado. Finalmente, chegou o momento tão esperado: a coroação da "Rainha".

Celinha estava linda em seu vestido azul, sapatinhos dourados e cabelos penteados com capricho. Glorinha se apresentou muito simples, com vestidinho branco, sandálias brancas e os cabelos amarrados com uma fita. Abriram a caixa de votos: Celinha sorria. Tinha certeza que iria ser coroada. Glorinha, de longe, ouvia a contagem dos votos: "Minha irmã é mesmo uma rainha! Com certeza, será eleita".

Os votos foram contados e Celinha não recebeu nenhum voto. Glorinha foi eleita a "Rainha do Bairro", por unanimidade.

> **Reflexão:** *A beleza exterior de nada vale. O importante é a beleza espiritual. Assim disse Jesus: "É o espírito que dá a vida, a carne não serve para nada".*

# O MANDAMENTO DE DEUS

**22º DOMINGO DO TEMPO COMUM**
(Mc 7,1-8.14-15.21-23)

Naquele tempo, [1]os fariseus e alguns mestres da Lei vieram de Jerusalém e se reuniram em torno de Jesus. [2]Eles viam que alguns dos seus discípulos comiam o pão com as mãos impuras, isto é, sem as terem lavado. [3]Com efeito, os fariseus e todos os judeus só comem depois de lavar bem as mãos, seguindo a tradição recebida dos antigos. [4]Ao voltar da praça, eles não comem sem tomar banho. E seguem muitos outros costumes que receberam por tradição: a maneira certa de lavar copos, jarras e vasilhas de cobre.

[5]Os fariseus e os mestres da Lei perguntaram então a Jesus: "Por que os teus discípulos não seguem a tradição dos antigos, mas comem o pão sem lavar as mãos?"

[6]Jesus respondeu: "Bem profetizou Isaías a vosso respeito, hipócritas, como está escrito: 'Este povo me honra com os lábios, mas seu coração está longe de mim. [7]De nada adianta o culto que me prestam, pois as doutrinas que ensinam são preceitos humanos'. [8]Vós abandonais o mandamento de Deus para seguir a tradição dos homens".

[14]Em seguida, Jesus chamou a multidão para perto de si e disse: "Escutai, todos, e compreendei: [15]o que torna impuro o homem não é o que entra nele vindo de fora, mas o que sai do seu interior. [21]Pois é de dentro do coração humano que saem as más intenções, imoralidades, roubos, assassínios, [22]adultérios, ambições desmedidas, maldades, fraudes, devassidão, inveja, calúnia, orgulho, falta de juízo. [23]Todas estas coisas más saem de dentro, e são elas que tornam impuro o homem".

## MÃOS LIMPAS E CORAÇÃO PURO

Lá na escola, na turma da Tia Lila, chegou um aluno: ele era bem pequeno e morava muito longe da cidade. Era o Betinho.

Betinho nunca havia estudado: era a primeira vez que ia para a escola. Ele estava muito feliz e sorria para todas as pessoas, conversava com os coleguinhas e fez logo amizade com todos.

Chegou a hora da merenda:

— Atenção, crianças, vamos preparar-nos para o lanche — disse Tia Lila.

Betinho, bem ligeiro, apanhou o pão e nhoc... Deu uma grande dentada, enchendo bem a boquinha. Os coleguinhas começaram a rir e a caçoar de Betinho.

— Olhem a boca dele! Ele não lava a mão! Ah! Ah! Ah!

Betinho, envergonhado, engoliu o que estava na boca, começou a chorar e saiu correndo para lavar as mãos.

Tia Lila, que viu tudo, chamou a atenção das crianças:

— Que pena! Vocês já lavaram as mãos, mas continuam sujos, porque pior do que a sujeira das mãos é a sujeira que está dentro do coração. O coração de nosso Betinho está bem limpo, porque não se revoltou com vocês que dele caçoaram.

Quando tocou o sinal para irem brincar, as crianças saíram correndo ao encontro de Betinho, que ainda lavava as mãos. O menino chorava muito e suas lágrimas misturavam-se com a água que jorrava da torneira.

Quico aproximou-se dele, abraçou-o e disse:

— Você me perdoa? Eu prometo que vou ser sempre seu amigo.

— Claro, Quico, eu já perdoei. Estou muito feliz porque você é meu amigo.

Todas as outras crianças também pediram desculpas a Betinho e, assim, lavaram não só as mãos, como também o coração, pela falta que praticaram.

Foi o lanche mais asseado da sala da Tia Lila. Mãos e corações limpos e puros.

---

**Reflexão:** *A limpeza externa de nosso corpo é importante, não é suficiente, porém, para entrarmos no Reino de Jesus.*

*O que vale mesmo é a limpeza do coração, evitando sentimentos de ódio e de egoísmo, cultivando sentimentos de amor fraterno. Quem tem coração limpo sabe falar coisas bonitas.*

# AOS SURDOS FAZ OUVIR E AOS MUDOS FALAR

**23º DOMINGO DO TEMPO COMUM**
(Mc 7,31-37)

Naquele tempo, [31]Jesus saiu de novo da região de Tiro, passou por Sidônia e continuou até o mar da Galileia, atravessando a região da Decápole.

[32]Trouxeram então um homem surdo, que falava com dificuldade, e pediram que Jesus lhe impusesse a mão.

[33]Jesus afastou-se com o homem, para longe da multidão; em seguida, colocou os dedos nos seus ouvidos, cuspiu e com a saliva tocou a língua dele. [34]Olhando para o céu, suspirou e disse: "Efatá!", que quer dizer: "Abre-te!"

[35]Imediatamente seus ouvidos se abriram, sua língua se soltou e ele começou a falar sem dificuldade.

[36]Jesus recomendou com insistência que não contassem a ninguém. Mas, quanto mais ele recomendava, mais eles divulgavam.

[37]Muito impressionados, diziam: "Ele tem feito bem todas as coisas: Aos surdos faz ouvir e aos mudos falar".

## QUAL É O PIOR SURDO?

### (Jogral)

**Todos:** O que é ser surdo?

**Voz:** É não ter a capacidade de ouvir.

**Todos:** O que é capacidade de ouvir?

**Voz:** É ter ouvidos perfeitos e coração aberto.

**Todos:** Como é isso?

**Voz:** De nada adianta um ouvido perfeito para um coração que não quer ouvir.

**Todos:** Como é que o coração ouve?

**Voz:** O coração representa nosso sentimento. Se não sentirmos amor, não conseguimos ouvir os irmãos.

**Todos:** Qual a relação entre o amor e ouvir os irmãos?

**Voz:** Quando ficamos atentos aos pedidos dos irmãos e descobrimos rapidinho o que eles desejam de nós.

**Todos:** Então, afinal, quem é surdo?

**Voz:** Surdo é aquele que não ouve a dor do irmão.

**Todos:** Como se ouve a dor?

**Voz:** Muitos sofrem na porta dos hospitais. Pedem justiça os que foram presos sem nada terem feito.

**Todos:** Como descobrimos quem sabe ouvir com o coração?

**Voz:** Quem ouve com o coração faz justiça para os irmãos e luta pela verdade, para salvar o sofredor.

**Todos:** Já sabemos a lição; vamos todos ouvir os velhinhos, nossos irmãos, os menores abandonados e os adultos desempregados.

**Voz:** É este, meus irmãos, o milagre de Jesus. Quem sabe ouvir não deixa de falar as verdades do Senhor.

**Todos:** Nós não queremos ser surdos para podermos denunciar a injustiça e anunciar o evangelho de Jesus.

**Reflexão:** *Deus nos quer em condições de ouvir sua palavra e transmiti-la. Ele quer também que saibamos ouvir os gritos dos necessitados e falar-lhes palavras de conforto.*

# DEUS ENVIOU SEU FILHO

## COMO CARREGAR A CRUZ

**EXALTAÇÃO DA SANTA CRUZ**
(Jo 3,13-17)

Naquele tempo, disse Jesus a Nicodemos: [13]Ninguém subiu ao céu, a não ser aquele que desceu do céu, o Filho do Homem. [14]Do mesmo modo como Moisés levantou a serpente no deserto, assim é necessário que o Filho do Homem seja levantado, [15]para que todos os que nele crerem tenham a vida eterna. [16]Pois Deus amou tanto o mundo, que deu o seu Filho unigênito, para que não morra todo o que nele crer, mas tenha a vida eterna. [17]De fato, Deus não enviou o seu Filho ao mundo para condenar o mundo, mas para que o mundo seja salvo por ele.

Muitos anos atrás, mais ou menos 1.600 anos, um rei da Pérsia, lá no Oriente, muito longe do Brasil, conquistou a cidade de Jerusalém. Nessa cidade estava a verdadeira Cruz na qual Jesus morreu.

Todos ficaram tristes, porque aquele rei não era cristão e não considerava a Cruz uma relíquia sagrada. Não achava que a Santa Cruz fosse importante.

Nem a colocou bem no alto, para que todos pudessem vê-la e se lembrassem de Cristo, que nela morreu para nos salvar de nossos pecados.

Catorze anos depois, um imperador cristão, chamado Heráclio, derrotou numa guerra o rei da Pérsia e conseguiu de volta a Cruz de Jesus.

Heráclio, muito feliz, resolveu colocar a Cruz em seu devido lugar, isto é, no monte Calvário, onde Jesus tinha morrido. Fez uma grande festa e vestiu-se com roupas riquíssimas, bordadas a ouro e pedras preciosas.

Heráclio carregou a Cruz às costas e iniciou a caminhada para o Calvário, seguido por uma grande procissão. De repente, porém, Heráclio sentiu-se agarrado por uma mão invisível, que não o deixava andar. Ficou nervoso e assustado:

— Que é isso? Por que não posso andar?

Zacarias, o bispo de Jerusalém, vendo o que acontecia, disse ao imperador:

— Heráclio, você não pode carregar a Cruz vestido com essas roupas finas.

Heráclio compreendeu. Trocou suas roupas riquíssimas por uma simples túnica, bem humilde. E assim levou a Cruz de Jesus até o monte Calvário.

**Reflexão:** *Celebramos a Festa da Santa Cruz. A Cruz foi inventada para que nela fossem pendurados os bandidos e malfeitores, e nela eles morressem por causa de suas maldades.*

*Também Jesus, que era inocente, foi condenado a morrer nela. A Cruz se tornou sinal de nossa salvação, uma vez que foi santificada pelos sofrimentos e pelo sangue de Jesus.*

# O FILHO DO HOMEM DEVE SOFRER MUITO

**24º DOMINGO DO TEMPO COMUM**
(Mc 8,27-35)

Naquele tempo, [27]Jesus partiu com seus discípulos para os povoados de Cesareia de Filipe. No caminho, perguntou aos discípulos: "Quem dizem os homens que eu sou?"

[28]Eles responderam: "Alguns dizem que tu és João Batista; outros que és Elias; outros, ainda, que és um dos profetas".

[29]Então ele perguntou: "E vós, quem dizeis que eu sou?" Pedro respondeu: "Tu és o Messias".

[30]Jesus proibiu-lhes severamente de falar a alguém a respeito.

[31]Em seguida, começou a ensiná-los, dizendo que o Filho do Homem devia sofrer muito, ser rejeitado pelos anciãos, pelos sumos sacerdotes e doutores da Lei; devia ser morto, e ressuscitar depois de três dias.

[32]Ele dizia isso abertamente. Então Pedro tomou Jesus à parte e começou a repreendê-lo.

[33]Jesus voltou-se, olhou para os discípulos e repreendeu a Pedro, dizendo: "Vai para longe de mim, Satanás! Tu não pensas como Deus, e sim como os homens".

[34]Então chamou a multidão com seus discípulos e disse: "Se alguém me quer seguir, renuncie a si mesmo, tome a sua cruz e me siga. [35]Pois, quem quiser salvar a sua vida, vai perdê-la; mas, quem perder a sua vida por causa de mim e do Evangelho, vai salvá-la".

## O CAMINHO DE JESUS

Regina, Luiza, Célia e Joãozinho eram irmãos.

Regina, a mais velha, tinha 9 anos e frequentava a 3ª série do 1º grau de uma escola pública.

As crianças não tinham pai, que morrera há três anos. Dona Ana, a mãe, vivia de pensão do INSS e fazia faxina na casa de três freguesas, ganhando mais um dinheirinho.

Era uma vida de luta! Regina cuidava dos irmãozinhos, esquentava a comida, que a mãe deixava sempre pronta, e estudava quando tinha tempo.

Mas, um dia, dona Ana escorregou em casa e fraturou a perna. Sem poder andar, com dores, dona Ana não sabia o que fazer.

Regina, beijando-a, disse-lhe então:

— Não se preocupe, mamãe, eu faço tudo para todos.

— E sua escola?

— Irei no ano que vem. Estou adiantada. Não fará falta.

E Regina começou a cuidar de tudo: fazia comida, arrumava o barraco, dava banho nos irmãos, fazia compras e lavava a louça, além de cuidar da mãezinha. E ainda achava tempo para lavar roupa para fora, passando-a com cuidado.

Era um prazer ver a roupa cuidada por Regina: limpa, clara, cheirosa e bem lisinha.

Procurou um hospital para a mãe, e nada. Nessa hora os pobres são rejeitados.

Mas, mesmo com todo esse esforço, o dinheiro das roupas não chegava para as despesas. Regina resolveu fazer docinhos para vender na escola.

A diretora, sabendo da situação da família de dona Ana e da limpeza da casa, concordou com a venda, e Regina, então, trabalhava até tarde para, no dia seguinte, seus irmãos levarem cocadas e bolo para vender na escola.

Mais tarde um pouco, já fazia sanduíches naturais, que foram muito bem aceitos. Entrou assim mais um dinheirinho.

Quando dona Ana se restabeleceu, tudo estava em ordem: nada havia faltado, graças a Regina.

A menina de nove anos fora uma verdadeira Apóstola de Jesus!

**Reflexão:** *Jesus é o Filho de Deus. Se acreditamos nele, precisamos segui-lo, carregando com Ele a cruz do amor.*

*Nossa cruz pode ser pesada, mas Jesus estará sempre a nosso lado e nos ajudará a carregá-la.*

*Com Jesus, todos os sofrimentos se transformam em alegria. Com Jesus, todas as cruzes da vida se tornam leves.*

# SEJA AQUELE QUE SERVE A TODOS!

## 25º DOMINGO DO TEMPO COMUM
### (Mc 9,30-37)

Naquele tempo, [30]Jesus e seus discípulos atravessavam a Galileia. Ele não queria que ninguém soubesse disso, [31]pois estava ensinando a seus discípulos. E dizia-lhes: "O Filho do Homem vai ser entregue nas mãos dos homens, e eles o matarão. Mas, três dias após sua morte, ele ressuscitará.

[32]Os discípulos, porém, não compreendiam estas palavras e tinham medo de perguntar.

[33]Eles chegaram a Cafarnaum. Estando em casa, Jesus perguntou-lhes: "O que discutíeis pelo caminho?"

[34]Eles, porém, ficaram calados, pois pelo caminho tinham discutido quem era o maior.

[35]Jesus sentou-se, chamou os doze e lhes disse: "Se alguém quiser ser o primeiro, que seja o último de todos e aquele que serve a todos!"

[36]Em seguida, pegou uma criança, colocou-a no meio deles e, abraçando-a, disse: [37]"Quem acolher em meu nome uma destas crianças, é a mim que estará acolhendo. E quem me acolher, está acolhendo, não a mim, mas àquele que me enviou".

## OS ÚLTIMOS SERÃO OS PRIMEIROS

Dona Áurea era uma catequista muito dinâmica. Suas aulas eram vividas pelos alunos com dramatizações. Por isso, no Advento, dona Áurea, após contar a história de Maria, sugeriu um teatro que seria assistido pelas mães e pelo vigário. Todos ficaram interessados e bem animados.

— Formaremos quatro grupos: os Profetas, a Aparição do Anjo Gabriel, a Visita de Maria a Santa Isabel e o Nascimento de Jesus. Vamos dividir os papéis.

Imediatamente, todas as meninas desejaram ser Maria, e afirmaram:

— Eu sou parecida com ela — disse Clara.

— Não, você é gorda. Eu sou magrinha — retrucou Antônia.

— Eu sou a mais delicada. Vejam! — acrescentou Nair.

— Mas eu sou a mais bonita — resmungou Alice.
— Eu sou a mais esperta e farei o melhor teatro — determinou Gilda.
Cada uma anunciava suas qualidades.
Só Rita não falou nada. Ela era bem pobre. Como desejar o impossível? Abaixou a cabeça e foi para um canto da sala.
De repente, foi chamada pela professora, dona Áurea.
— Ritinha, venha cá!
— Sim, dona Áurea.
— Você será "Maria".
— Eu? Pobre, feia, filha de empregada?
— Sim! Você! Não é convencida e Maria era muito humilde.
Lágrimas rolaram dos olhos da Ritinha, e um lindo sorriso apareceu em seus lábios.
Dona Áurea, calma, segura de si, docemente falou:
— Há papéis para todos: profetas, Isabel, Anjo Gabriel e outros.
— E o Menino Jesus?
— Será o irmãozinho de Rita.
— Que ideia excelente, dona Áurea; ele só tem um mês.
Não precisa dizer que o teatro do Advento foi um sucesso.
As crianças vestiram túnicas coloridas, fizeram com ramos a casa de Maria e a de Isabel.
E, na hora do nascimento de "Jesus", Carlinhos, irmão de Rita, deu um "show" de alegria, batendo as perninhas e os braços.
Foi lindo! Inesquecível!

**Reflexão:** Ritinha foi escolhida por ser a mais humilde, a mais obediente, a mais submissa, a mais sincera, embora se achasse a pior de todas as meninas.
Não esqueçamos que os últimos serão sempre os primeiros.
Na vida, não convém ser orgulhoso e escolher os primeiros lugares. O Reino de Deus é composto de pessoas que não buscam serem servidas, mas servir os mais necessitados, assim como Jesus fez durante sua vida terrena.
Servir as pessoas que precisam de nós (pobres, doentes, velhinhos, crianças) é a mesma coisa que servir a Deus.

# QUEM NÃO É CONTRA NÓS É A NOSSO FAVOR

**26º DOMINGO
DO TEMPO COMUM**
(Mc 9,38-43.45.47-48)

Naquele tempo, [38]João disse a Jesus: "Mestre, vimos um homem expulsar demônios em teu nome. Mas nós o proibimos, porque ele não nos segue".

[39]Jesus disse: "Não o proibais, pois ninguém faz milagres em meu nome para depois falar mal de mim. [40]Quem não é contra nós é a nosso favor.

[41]Em verdade, eu vos digo: quem vos der a beber um copo de água, porque sois de Cristo, não ficará sem receber a sua recompensa.

[42]E, se alguém escandalizar um destes pequeninos que creem, melhor seria que fosse jogado no mar, com uma pedra de moinho amarrada ao pescoço.

[43]Se tua mão te leva a pecar, corta-a! É melhor entrar na Vida sem uma das mãos, do que, tendo as duas, ir para o inferno, para o fogo que nunca se apaga.

[45]Se teu pé te leva a pecar, corta-o! É melhor entrar na Vida sem um dos pés, do que, tendo os dois, ser jogado no inferno.

[47]Se teu olho te leva a pecar, arranca-o! É melhor entrar no Reino de Deus com um olho só, do que, tendo os dois, ser jogado no inferno, [48]'onde o verme deles não morre, e o fogo não se apaga'".

## O MILAGRE DA BÍBLIA

O grupo de meninos vivia em revolta: pela má qualidade de comida, pela falta de conforto, pela falta de estudo e de trabalho e pela falta de recreação.

O grupo revoltado pertencia a uma instituição que abrigava meninos apanhados nas ruas, sem ter o que comer, o que fazer, sem família, sem casa para morar.

— Isto não pode continuar.

— Precisamos de ajuda!

— Não somos bichos.
— Queremos sair daqui.
Pobres meninos: não conheciam o que era amor, nunca receberam carinho!

Certo dia de muito calor, um fio elétrico desencapado deu início a um incêndio no alojamento dos meninos.

O incêndio estendeu-se à biblioteca e só foi extinto com a chegada dos bombeiros: gritos, fumaça, calor, colchões queimados... Um horror!

Depois de uma grande luta, o fogo apagou-se.

A turma percorreu desanimada o local: tudo estragado!

Os diretores também foram ver o que tinha sobrado da catástrofe e, ao entrarem na biblioteca, viram as cinzas dos livros espalhadas por toda a parte.

Um deles gritou:
— Vejam! Ali no centro!

Todos olharam ao mesmo tempo e... surpresa geral: tendo à volta só cinzas, um livro permanecia intacto. Seu título? "A Bíblia".

Os diretores entreolharam-se e pensaram:
— Como pôde acontecer isso?

Apanharam o livro, com cuidado. Estava perfeito!

A partir daquele dia, os diretores se reuniram: um lia em voz alta e os outros escutavam com atenção as histórias da Bíblia Sagrada.

Aos poucos, os corações daqueles homens foram amolecendo, porque neles o amor foi tendo acolhida.

E eles compreenderam que estavam errados: a caridade com os garotos abandonados tinha sido incompleta. A verdadeira caridade precisava ser feita com *amor* e *carinho*.

**Reflexão:** *Cuidado com aquelas pessoas que gostam de fazer coisas erradas. É possível que elas tentem desviar-nos do bom caminho. É preciso pedir a Jesus que as livre de todo o mal.*

# O QUE DEUS UNIU, O HOMEM NÃO SEPARE!

## 27º DOMINGO DO TEMPO COMUM
(Mc 10,2-16)

Naquele tempo, ²alguns fariseus se aproximaram de Jesus. Para pô-lo à prova, perguntaram se era permitido ao homem divorciar-se de sua mulher.

³Jesus perguntou: "O que Moisés ordenou?"

⁴Os fariseus responderam: "Moisés permitiu escrever uma certidão de divórcio e despedi-la".

⁵Jesus então disse: "Foi por causa da dureza do vosso coração que Moisés vos escreveu este mandamento. ⁶No entanto, desde o começo da criação, Deus os fez homem e mulher. ⁷Por isso, o homem deixará seu pai e sua mãe e os dois serão uma só carne. ⁸Assim, já não são dois, mas uma só carne. ⁹Portanto, o que Deus uniu o homem não separe!"

¹⁰Em casa, os discípulos fizeram, novamente, perguntas sobre o mesmo assunto.

¹¹Jesus respondeu: "Quem se divorciar de sua mulher e casar com outra, cometerá adultério contra a primeira. ¹²E, se a mulher se divorciar de seu marido e casar com outro, cometerá adultério".

> [13]Depois disso, traziam crianças para que Jesus as tocasse. Mas os discípulos as repreendiam.
>
> [14]Vendo isso, Jesus se aborreceu e disse: "Deixai vir a mim as crianças. Não as proibais, porque o Reino de Deus é dos que são como elas. [15]Em verdade vos digo: quem não receber o Reino de Deus como uma criança, não entrará nele".
>
> [16]Ele abraçava as crianças e as abençoava, impondo-lhes as mãos.

# "UM CASAMENTO PERFEITO"

O mocinho muito branquinho, cheiroso, salgadinho, atraente, lisinho, lisinho..., procurava uma mocinha para se casar, que fosse doce, gostosa, bem coradinha, simples, charmosa, sem ser convencida e "emperiquitada".

Ele estava com vários colegas em um hotel muito acolhedor e belíssimo, às margens de um grande lago.

O mocinho gostoso, que andava à procura da noivinha charmosa, era... um queijo de minas, que morava em um ambiente fresco, sem ser gelado.

Certa vez, na hora do almoço, ele foi colocado numa mesa redonda, coberta de toalha branca de renda, ao lado de algumas peras preparadas com esmero por Nhá Dadá.

Lucinha, que provou uma delas, reclamou:

— É muito doce! Enjoa!

No jantar, viu-se ao lado de maçãs vermelhas, assadas no forno.

— A maçã assada é convidativa, mas... enjoa — reclamou Beto.

No dia seguinte, frio e chuvoso, dona Josefa veio buscar uma fatia de queijo para cortá-lo em pedacinhos e botá-los em sua sopa fumegante de batata-baroa.

— Não me leve, senhora, vou derreter...

Parece que dona Josefa o ouviu, porque desistiu de levá-lo! Não quis ser a primeira a cortar um queijo tão bonito.

No jantar, a doceira, Nhá Dadá, colocou-o do lado de uma mocinha simples, charmosa, bem coradinha, mais para gordinha do que para magra, do jeito que ele gostava.

O senhor Quinzão sentiu atração pelos dois: O mocinho Queijo de Minas e a mocinha Goiabada.

Provou uma lasquinha do queijo de minas, junto, bem juntinho, com uma fatia fina da mocinha goiabada!

— Que delícia! Um casamento perfeito!

À noite, quando os humanos dormiam, houve realmente a festa de casamento dos dois, que ninguém podia dizer qual era o mais apaixonado... Seria o mocinho ou a mocinha?

À meia-noite, os noivos estavam prontos: ele de cartola e gravatinha borboleta, ela de véu e grinalda de flor de laranjeira. O padre era o pacote de açúcar (para o casamento ficar sempre doce). As alianças feitas de sal (uma pitada nos casamentos é sempre bem-vinda), levadas pelo garfinho e pela faquinha de sobremesa, e os convidados desfilaram impecáveis (pratinho de porcelana e copos de cristal, com vinho tinto delicioso).

As tampas das panelas marcaram o ritmo de um pagode alucinante!

Que casamento! Que par perfeito!

Esse casamento foi e é perfeito: sem separação, sem brigas, sem caras feias.

É por isso que o noivinho passou a chamar-se Romeu e a noivinha, Julieta.

O Brasil inteiro encheu-se de seus filhotinhos, apreciados por todos.

---

**Reflexão:** *Nós existimos porque papai e mamãe se amaram e se amam. O amor entre eles é importante. Importante também é a união entre os pais para nossa segurança e alegria.*

*Deus não quer a separação e o divórcio. Vamos rezar para que nossos pais sejam fortes e sempre unidos.*

# A PADROEIRA DO BRASIL

### NOSSA SENHORA DA CONCEIÇÃO APARECIDA
(Jo 2,1-11)

Naquele tempo, ¹houve um casamento em Caná da Galileia. A mãe de Jesus estava presente.

²Também Jesus e seus discípulos tinham sido convidados para o casamento.

³Como o vinho veio a faltar, a mãe de Jesus lhe disse: "Eles não têm mais vinho".

⁴Jesus respondeu-lhe: "Mulher, por que dizes isto a mim? Minha hora ainda não chegou".

⁵Sua mãe disse aos que estavam servindo: "Fazei o que ele vos disser".

⁶Estavam seis talhas de pedra colocadas aí para a purificação que os judeus costumam fazer. Em cada uma delas cabiam mais ou menos cem litros.

⁷Jesus disse aos que estavam servindo: "Enchei as talhas de água". Encheram-nas até a boca. ⁸Jesus disse: "Agora tirai e levai ao mestre-sala". E eles levaram.

⁹O mestre-sala experimentou a água que se tinha transformado em vinho. Ele não sabia de onde vinha, mas os que estavam servindo sabiam, pois eram eles que tinham tirado a água.

¹⁰O mestre-sala chamou então o noivo e lhe disse: "Todo mundo serve primeiro o vinho melhor e, quando os convidados já estão embriagados, serve o vinho menos bom. Mas tu guardaste o vinho bom até agora!"

¹¹Este foi o início dos sinais de Jesus. Ele o realizou em Caná da Galileia e manifestou a sua glória, e seus discípulos creram nele.

# A HISTÓRIA DE N. SRA. APARECIDA
## (Dramatização)

*(Uma criança entra com uma faixa escrita "Rio Paraíba", segurando duas sacolas. De outro lado, entra outra criança com uma corneta. Toca-a e depois anuncia:)*

*(Observação: A criança que representa o "Rio Paraíba" pode usar uma túnica e ter as duas sacolas presas à cintura.)*

— O senhor conde de Assumar, governador de Minas e São Paulo, e seus convidados passarão por aqui. Pescadores, tragam os melhores peixes do Rio Paraíba. Devemos oferecer um almoço gostoso às pessoas ilustres.

*(O arauto sai. Entram três pescadores que atiram suas redes. Nada pescam. Repetem o gesto mais duas vezes e nada.)*

**1º pescador** *(aflito)*: E agora?

**2º pescador** *(nervoso)*: Não há peixes!

**3º pescador** *(agitado)*: Que vamos fazer?

**1º, 2º e 3º pescadores:** Tentar outra vez!

**1º pescador** *(alegre)*: Pesquei alguma coisa, vejam!

*(A 1ª criança, que representa o "Rio Paraíba", retira da 1ª sacola a figura de Nossa Senhora Aparecida, desenhada em cartolina, sem a cabeça, e a coloca na rede do pescador.)*

**1º pescador:** Peguei alguma coisa.

**2º e 3º pescadores:** O que foi?

**1º pescador** *(alegre)*: Vejam!

**2º e 3º pescadores:** Oh!

*(Os dois seguram a santinha. O 1º joga a rede outra vez. O "Rio Paraíba" tira da sacola a cabeça e a entrega ao pescador.)*

**1º pescador:** A cabeça!

**2º e 3º pescadores:** Oh!

*(Os três colocam a santinha em um lugar bem visível, unindo a cabeça ao tronco, com fita adesiva. Ajoelham-se e dizem juntos, apontando para Nossa Senhora:)*

**1º, 2º e 3º pescadores:** Nossa Senhora, ajude-nos a conseguir os peixes, por favor! Nós acreditamos! Temos fé!

*(Lançam as redes. O "Rio Paraíba" tira da 2ª sacola um monte de peixes, que derrama nas redes dos pescadores.)*

**1°, 2° e 3° pescadores:** É uma pesca milagrosa!

*(Saem os pescadores com os peixes. Volta logo o 2° pescador com flores e deposita-as aos pés da santinha. Entra uma criança com uma tira grande na mão onde está escrito "12 de outubro de 1717". Fala:)*

**1ª criança com a faixa:** Isto aconteceu no dia 12 de outubro de 1717.

*(Aparece uma outra criança e traz outra faixa, onde está escrito "Nossa Senhora Aparecida")*

**4ª Criança:** Porque apareceu no Rio Paraíba (aponta o Rio) a santinha recebeu o nome de Nossa Senhora Aparecida.

**3° Pescador** *(voltando):* As pessoas vieram visitar Nossa Senhora Aparecida. Muitos milagres aconteceram.

*(Uma fila de crianças aproxima-se de Nossa Senhora Aparecida. Ajoelha-se, dizendo:)*

**Uma voz:** Milagre! Estou salvo!

**Outra voz:** Milagre! Eu vejo!

**Todos:** Viva Nossa Senhora Aparecida!

**5ª criança:** São tantos os milagres de Nossa Senhora Aparecida que não se pode contar. Os brasileiros do Norte e do Sul, todos os dias do ano, vão ao Santuário de Nossa Senhora Aparecida, a Padroeira do Brasil!

**Todos:** Viva Nossa Senhora Aparecida!

*(Todos os presentes na dramatização ajoelham-se e rezam a Ave-Maria, e saem cantando: "Com minha mãe estarei na Santa Glória um dia", ou "Ave! Ave! Ave, Maria!", ou um hino a Nossa Senhora Aparecida.)*

---

**Reflexão:** *Hoje, é a Festa de Nossa Senhora Aparecida, Padroeira do Brasil. Ela é a Mãe querida de todos os brasileiros, especialmente das crianças.*
*Viva Nossa Senhora Aparecida!*

# HISTÓRIA DA APARECIDA

*(Para um gesto combinado, as crianças dirão "Nossa Senhora Aparecida". Imitarão o canto dos pássaros, o voo dos pássaros, o gesto de atirar a rede para pescar.)*

Há duzentos e oitenta anos, em 1717, num povoado às margens do Rio Paraíba, todos os seus moradores estavam muito ocupados varrendo as ruas, limpando as casas, lavando e passando toalhas, que seriam usadas naquele dia.

O movimento era tão intenso que os passarinhos cantavam como nunca, as árvores agitavam alegremente seus galhos e todos trabalhavam com animação. Os pescadores jogavam as redes para conseguir peixes grandes e gostosos. Naquela manhã, no entanto, as redes voltavam vazias...

Que fazer? Era preciso pescar de qualquer jeito e a qualquer custo.

Afinal, ordens são ordens. O senhor conde de Assumar, homem de muito respeito, governador da Capitania de Minas Gerais e de São Paulo, iria passar por aquela região, com grande comitiva, e iriam lá almoçar.

Domingos Garcia, João Alves e Filipe Pedroso eram alguns entre os muitos pescadores que naquele dia buscavam peixes para o governador e sua comitiva. Ninguém conseguiu nada.

Os três pescadores estavam preocupados. Jogaram várias vezes as redes, mas elas voltaram vazias. Cheios de fé, rezaram para Nossa Senhora a fim de que conseguisse os peixes encomendados.

João Alves, confiante, jogou sua rede, que tocou o fundo lamacento do rio, e o pescador sentiu que não voltava vazia...

Puxou-a rapidamente. Que surpresa! No fundo das malhas estava um objeto escuro, com mais de um palmo de comprimento. Era uma pequena imagem. Parecia Nossa Senhora da Conceição, mas infelizmente não tinha cabeça.

João Alves atirou novamente a rede e, muito alegre, viu surgir a cabeça da santa. Os pescadores guardaram com cuidado a santinha no fundo da canoa. Voltaram a pescar e, desta vez, tiraram tantos peixes do rio que, em pouco tempo, encheram o barco.

Enquanto João e Domingos levavam os peixes para a Vila, Filipe guardava a santinha em sua casa.

Era o dia 12 de outubro de 1717! A santinha encontrada recebeu o nome de NOSSA SENHORA APARECIDA.

Filipe construiu um simples oratório para ela. Seu filho Atanásio construiu um oratório maior. Padre José Alves Vilela fez uma capela, aonde os visitantes vinham rezar para NOSSA SENHORA APARECIDA.

Atraídos pelos milagres da santinha, os devotos foram se multiplicando.

Mais tarde, Frei Monte Carmelo construiu a Basílica de NOSSA SENHORA APARECIDA que é hoje a Basílica Velha. Milhares de pessoas vêm rezar com muita fé aos pés da santinha.

A Basílica ficou pequena, e dom Gaspar A. Silva planejou novo santuário. Desde 1949 até hoje, as obras continuam. É um dos maiores templos do mundo, de rara beleza, aonde os brasileiros de Norte a Sul, de Leste a Oeste, vêm rezar, com muita fé, pedindo a proteção a NOSSA SENHORA APARECIDA!

---

**Reflexão:** *Hoje, é a Festa de Nossa Senhora Aparecida, Padroeira do Brasil. Ela é a Mãe querida de todos os brasileiros, especialmente das crianças.*

*Tia Corina deve a vida de seu filho e de sua irmã à intercessão de Nossa Senhora Aparecida, junto a Jesus.*

# VENDE TUDO O QUE TENS E SEGUE-ME!

### 28º DOMINGO DO TEMPO COMUM
(Mc 10,17-30)

Naquele tempo, [17]quando Jesus saiu a caminhar, veio alguém correndo, ajoelhou-se diante dele e perguntou: "Bom Mestre, que devo fazer para ganhar a vida eterna?"

[18]Jesus disse: "Por que me chamas de bom? Só Deus é bom, e mais ninguém. [19]Tu conheces os mandamentos: não matarás; não cometerás adultério; não roubarás; não levantarás falso testemunho; não prejudicarás ninguém; honra teu pai e tua mãe".

[20]Ele respondeu: "Mestre, tudo isso tenho observado desde a minha juventude".

[21]Jesus olhou para ele com amor, e disse: "Só uma coisa te falta: vai, vende tudo o que tens e dá aos pobres, e terás um tesouro no céu. Depois vem e segue-me!"

[22]Mas quando ele ouviu isso, ficou abatido e foi embora cheio de tristeza, porque era muito rico.

[23]Jesus então olhou ao redor e disse aos discípulos: "Como é difícil para os ricos entrar no Reino de Deus!"

[24]Os discípulos se admiravam com estas palavras, mas ele disse de novo: "Meus filhos, como é difícil entrar no Reino de Deus! [25]É mais fácil um camelo passar pelo buraco de uma agulha do que um rico entrar no Reino de Deus!"

[26]Eles ficaram muito espantados ao ouvirem isso, e perguntavam uns aos outros: "Então, quem pode ser salvo?"

[27]Jesus olhou para eles e disse: "Para os homens isso é impossível, mas não para Deus. Para Deus tudo é possível".

[28]Pedro então começou a dizer-lhe: "Eis que nós deixamos tudo e te seguimos".

[29]Respondeu Jesus: "Em verdade vos digo, quem tiver deixado casa, irmãos, irmãs, mãe, pai, filhos, campos, por

causa de mim e do Evangelho, [30]receberá cem vezes mais agora, durante esta vida — casa, irmãos, irmãs, mães, filhos e campos, com perseguições — e, no mundo futuro, a vida eterna.

# OS MANDAMENTOS
## (Dramatização)

(21 crianças: 10 que anunciarão cada um dos mandamentos; 10 que exibirão tiras, onde está escrito cada mandamento, e que explicarão seu significado; 1 criança que faz o papel de Jesus.)

*(As crianças alegres se juntam:)*
**1ª criança:** Quero ser feliz!
**2ª cr.:** Queremos ser felizes!
**Jesus:** É fácil! Sigam os mandamentos: estão todos aqui na Bíblia! *(Entrega a Bíblia aberta em Mc 10,17-27 e sai.)*
**1ª cr.:** O 1° mandamento é: "Amar a Deus sobre todas as coisas".
*(A criança que está com a tira correspondente aproxima-se do altar, levanta a tira e diz:)*
— Já sei! Não posso trocar meu amor a Deus pelos amigos, pelos brinquedos, pelos doces, pelo dinheiro e por nenhuma outra coisa ou pessoa.
**2ª cr.:** O 2° mandamento é: "Não tomar seu santo nome em vão".
*(A criança com essa tira fica ao lado da primeira e diz:)*
— Eu sei: não devo dizer "juro por Deus" ou fazer coisas más em nome de Deus.
*(As crianças com as tiras vão entrando, à medida que foram ditos os mandamentos.)*

**3ª cr.:** O 3º mandamento é: "Guardar os domingos e dias de festa". Quer dizer que não posso deixar de ir à igreja aos domingos e dias santos: são dias dedicados ao Senhor.

**4ª cr.:** O 4º mandamento é: "Honrar pai e mãe". Eu sei: preciso respeitar e amar papai e mamãe, evitando toda má--criação e dedicando-lhes todo o carinho.

**5ª cr.:** O 5º mandamento é: "Não matar". É claro: não posso matar ninguém, nem hoje, nem nunca. Nem posso prejudicar a vida dos outros, nem dos passarinhos ou das árvores.

**6ª cr.:** O 6º mandamento é: "Não pecar contra a castidade". Devo usar meu corpo com bastante respeito, também o corpo de meu irmão. E vou exigir que os outros respeitem meu corpo.

**7ª cr.:** O 7º mandamento é: "Não furtar". Só posso usar as coisas que são minhas. E, se precisar de alguma coisa que não seja minha, pedirei licença.

**8ª cr.:** O 8º mandamento é: "Não levantar falso testemunho". Não devo mentir, nem caluniar ou acusar injustamente as pessoas. Nem fazer "fofocas".

**9ª cr.:** O 9º mandamento é: "Não desejar a mulher ou marido dos outros". Devo respeitar minha família e a dos outros, e valorizar a fidelidade entre homem e mulher.

**10ª cr.:** O 10º mandamento é: "Não cobiçar as coisas dos outros". Devo dar valor às coisas que tenho e me contentar com elas: roupas, brinquedos e tudo o que meus pais me podem dar.

*(Jesus entra de novo.)*

**Jesus:** Quem segue esses mandamentos é feliz!

# O FILHO DO HOMEM VEIO PARA SERVIR

**29º DOMINGO DO TEMPO COMUM**
(Mc 10,35-45)

Naquele tempo, ³⁵Tiago e João, filhos de Zebedeu, foram a Jesus e lhe disseram: "Mestre, queremos que faças por nós o que vamos pedir".
³⁶Ele perguntou: "O que quereis que eu vos faça?"
³⁷Eles responderam: "Deixa-nos sentar um à tua direita e outro à tua esquerda, quando estiveres na tua glória!"
³⁸Jesus então lhes disse: "Vós não sabeis o que pedis. Por acaso podeis beber o cálice que eu vou beber? Podeis ser batizados com o batismo com que vou ser batizado?"
³⁹Eles responderam: "Podemos".
E ele lhes disse: "Vós bebereis o cálice que eu devo beber, e sereis batizados com o batismo com que eu devo ser batizado. ⁴⁰Mas não depende de mim conceder o lugar à minha direita ou à minha esquerda. É para aqueles a quem foi reservado".
⁴¹Quando os outros dez discípulos ouviram isso, indignaram-se com Tiago e João.
⁴²Jesus os chamou e disse: "Vós sabeis que os chefes das nações as oprimem e os grandes as tiranizam. ⁴³Mas, entre vós, não deve ser assim; quem quiser ser grande, seja vosso servo; ⁴⁴e quem quiser ser o primeiro, seja o escravo de todos. ⁴⁵Porque o Filho do Homem não veio para ser servido, mas para servir e dar a sua vida como resgate para muitos".

## ROSINHA

O nome daquela menininha linda, meiga e generosa era Maria Rosa, mas todos a chamavam de Rosinha, porque parecia uma flor perfumada e colorida. Era aluna da 4ª série do 1º grau da Escola "Getúlio Vargas".

A escola era perto de sua casa e ela ia sozinha. Cumprimentava todos que encontrava:

— Bom dia! Boa tarde! Está passando bem? Graças a Deus!

Certo dia, Rosinha passou por um mendigo que lhe pediu:

— Uma esmolinha, pelo amor de Deus!

Foi aí que Rosinha reparou que tinha esquecido em casa sua bolsinha. Lembrou-se, então, de sua merenda e, abrindo-a retirou um pão com manteiga e queijo, duas laranjas e um ovo cozido, dando tudo para o mendigo.

— Obrigado, menina, você não pode imaginar a fome que eu sinto. Que Deus a abençoe!

— Obrigado, Senhor!

Rosinha, alegre, saiu cantarolando:

— Lá, rá, lá, rá, lá, lá...

Na escola deu um "oi" para todos e foi para sua sala de aula.

— Que horror, o quadro verde estava todo escrito, a mesa e as carteiras cheias de pó.

O que fez?

Pediu à merendeira uma flanela, primeiro limpou o quadro verde com um apagador, depois, usando a flanela, deixou as carteiras bem bonitas.

Dona Zizi, a professora, vibrou!

— Rosinha, você me ajudou muito. Obrigada!

Rosinha ficou muito feliz e saiu cantarolando:

— Lá, rá, lá, rá, lá, lá...

Quando chegou em casa, viu a mamãe muito ocupada, dando aula a várias crianças, sem poder fazer o almoço, pois a empregada não viera por estar doente. A mamãe estava realmente sem saber o que fazer.

Rosinha tirou o uniforme e vestiu uma roupinha simples de andar em casa. Depois, na cozinha, fez um almoço bem gostoso: arroz, salada e bife.

Quando a mamãe acabou suas aulas, ficou surpresa: que comida gostosa!

— Obrigada, Rosinha! Sinto-me orgulhosa de ter uma filha como você.

Rosinha ficou mais feliz, abraçou a mamãe e, depois de almoçar, ainda teve tempo de lavar a louça empilhada.

Só depois é que Rosinha foi para seu quarto descansar... brincar... estudar!

---

**Reflexão:** *Rosinha seguiu o exemplo de Jesus que veio ao mundo para servir e não para ser servido.*

# O CAMINHO DA FÉ

## 30º DOMINGO DO TEMPO COMUM
### (Mc 10,46-52)

Naquele tempo, [46]Jesus saiu de Jericó, junto com seus discípulos e uma grande multidão. O filho de Timeu, Bartimeu, cego e mendigo, estava sentado à beira do caminho.

[47]Quando ouviu dizer que Jesus, o Nazareno, estava passando, começou a gritar: "Jesus, filho de Davi, tem piedade de mim!"

[48]Muitos o repreendiam para que se calasse. Mas ele gritava mais ainda: "Filho de Davi, tem piedade de mim!"

[49]Então Jesus parou e disse: "Chamai-o". Eles o chamaram e disseram: "Coragem, levanta-te, Jesus te chama!"

[50]O cego jogou o manto, deu um pulo e foi até Jesus.

[51]Então Jesus lhe perguntou: "O que queres que eu te faça?" O cego respondeu: "Mestre, que eu veja!"

[52]Jesus disse: "Vai, a tua fé te curou". No mesmo instante, ele recuperou a vista e seguia Jesus pelo caminho.

## O CEGO DE JERICÓ
### (Jogral)

**Narrador:**
Jesus e seus discípulos
andaram, andaram, andaram...
À cidade de Jericó,
finalmente eles chegaram.

**Grupo B:**
Alguém disse a Bartimeu
que Jesus estava ali.
O povo estava a gritar:
— Jesus, Filho de Davi!

**Grupo A:**
Bartimeu, um pobre cego,
sentado à beira do caminho,
pedia esmolas ao povo:
— Por favor, um dinheirinho!

**Bartimeu:**
— Jesus, Filho de Davi,
Salvador que esperamos!
Tenha pena de todos nós,
os cegos lhe imploram.

**Grupo A:**
Cale a boca, Bartimeu!
Jesus está tão cansado.
Andou muito e não merece
ficar mais preocupado.

**Grupo B:**
Mas o cego não ligou
para o que as pessoas diziam.
Gritou ainda mais alto,
os que lá estavam ouviam.

**Grupo A:**
Jesus também o ouviu
e imediatamente parou.

**Jesus:**
— Chamem o cego bem depressa!

**Grupo B:**
Jesus assim ordenou.

**Grupo A:**
Foram buscar Bartimeu
e lhe disseram então:
— Jesus chama por você,
tenha confiança, irmão!

**Grupo B:**
Jogando a capa pra longe,
o cego pulou de alegria.
Chegou perto de Jesus;
que maravilhoso dia!

**Jesus:**
— Quer que eu faça alguma coisa pra você que me chamou?

**Bartimeu:**
— Sim, Jesus: eu quero ver!,
disse o cego. E o abraçou.

**Jesus:**
— Vou atendê-lo, amigo:
Você em mim confiou.
Está salvo, Bartimeu.
Curado você ficou.

**Bartimeu:**
— Bendito seja Jesus,
pois ele é o Salvador.
Eu estou vendo, amigos.
Acabou-se minha dor.

**Grupos A e B:**
— Jesus, meu Cristo amigo,
você é sensacional.
Ensina-me somente a ver
a verdade e o ideal.

**Reflexão:** *Jesus mostra seu amor pelos mais necessitados. Ele quer que todas as pessoas estejam em condição de ouvir a Palavra de Deus, de enxergar os problemas dos outros, de falar coisas bonitas a todos.*

# SERÁ GRANDE VOSSA RECOMPENSA NOS CÉUS

**TODOS OS SANTOS**
(Mt 5,1-12a)

Naquele tempo, [1]vendo Jesus as multidões, subiu ao monte e sentou-se. Os discípulos aproximaram-se, [2]e Jesus começou a ensiná-los:
[3]"Bem-aventurados os pobres em espírito, porque deles é o Reino dos Céus.

[4]Bem-aventurados os aflitos, porque serão consolados.

[5]Bem-aventurados os mansos, porque possuirão a terra.

[6]Bem-aventurados os que têm fome e sede de justiça, porque serão saciados.

[7]Bem-aventurados os misericordiosos, porque alcançarão misericórdia.

[8]Bem-aventurados os puros de coração, porque verão a Deus.

[9]Bem-aventurados os que promovem a paz, porque serão chamados filhos de Deus.

[10]Bem-aventurados os que são perseguidos por causa da justiça, porque deles é o Reino dos céus!

[11]Bem-aventurados sois vós, quando vos injuriarem e perseguirem, e, mentindo, disserem todo tipo de mal contra vós, por causa de mim. [12a]Alegrai-vos e exultai, porque será grande a vossa recompensa nos céus".

## SER SANTO

(Jogral)

**1ª criança:** O que é ser santo?

**1° leitor:** É um dever de todos. As pessoas batizadas têm a obrigação de serem santas.

**2ª cr.:** O que mais é ser santo?

**2° leitor:** É ser parecido com Jesus.

**3ª cr.:** O que mais é ser santo?

**1° leitor:** É dizer sempre "Sim" a Deus.

**4ª cr.:** O que mais é ser santo?
**2º leitor:** É amar como Jesus amou.
**5ª cr.:** O que mais é ser santo?
**1º leitor:** É amar a todos, sem ter raiva de ninguém, sem ter inveja de ninguém, sem ter mágoa de ninguém.
**6ª cr.:** O que mais é ser santo?
**2º leitor:** É perdoar as ofensas e semear a paz no meio do grupo.
**7ª cr.:** O que mais é ser santo?
**1º leitor:** É ter um coração de pobre para repartir com os outros as coisas que a gente tem.
**8ª cr.:** O que mais é ser santo?
**2º leitor:** É ser amigo de Deus.
**9ª cr.:** O que mais é ser santo?
**1º leitor:** É chorar com aqueles que choram, alegrar-se com aqueles que se alegram.
**10ª cr.:** O que mais é ser santo?
**2º leitor:** É não somente dar coisas. É também dar amor, amizade, carinho, atenção aos mais necessitados.
**11ª cr.:** O que mais é ser santo?
**1º leitor:** É ouvir a Palavra de Deus na Missa e praticá-la na vida.
**Todos:** Santa Maria, todos os Santos e Santas de Deus, rogai por nós!

> **Reflexão:** *Queremos recordar, hoje, todos os santos da Igreja. Eles são os cristãos que tiveram a coragem de seguir Jesus mais de perto; aqueles que souberam amar, perdoar e servir.*

# A VIDA NÃO É TIRADA, MAS TRANSFORMADA

**COMEMORAÇÃO DE TODOS OS FIÉIS DEFUNTOS**
(Jo 11,17-27)

¹⁷Quando Jesus chegou a Betânia, encontrou Lázaro sepultado havia quatro dias.
¹⁸Betânia ficava a uns três quilômetros de Jerusalém. ¹⁹Muitos judeus tinha vindo à casa de Marta e Maria para as consolar por causa do irmão. ²⁰Quando Marta soube que Jesus tinha chegado, foi ao encontro dele. Maria ficou sentada em casa. ²¹Então Marta disse a Jesus: "Senhor, se tivesses estado aqui, meu irmão não teria morrido. ²²Mas mesmo assim, eu sei que o que pedires a Deus, ele to concederá". ²³Respondeu-lhes Jesus: "Teu irmão ressuscitará". ²⁴Disse Marta: "Eu sei que ele ressuscitará na ressurreição, no último dia". ²⁵Então Jesus disse: "Eu sou a ressurreição e a vida. Quem crê em mim, mesmo que morra, viverá. ²⁶E todo aquele que vive e crê em mim, não morrerá jamais. Crês isto?" ²⁷Respondeu ela: "Sim, Senhor, eu creio firmemente que tu és o Messias, o Filho de Deus, que devia vir ao mundo".

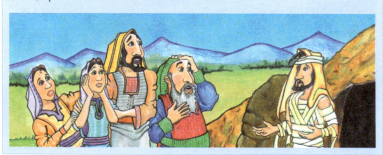

## VERDADE OU LENDA?

Úrsula, filha de um rei cristão da Inglaterra, era linda de corpo e de alma.

Um príncipe pagão apaixonou-se loucamente por ela, embora fosse ainda uma menina, pedindo-a em casamento.

A linda menininha, no entanto, se dera a Deus:

— Eu sou toda tua, meu Deus. De mais ninguém.

O rei, seu pai, intercedeu a favor do jovem.

— Minha filha, estimaria se aceitasses o príncipe. Gosto dele.

Úrsula, tão inteligente quanto bonita, não disse "não" ao pai, mas apresentou três condições para o casamento: um tempo de três anos para conhecer a vontade de Deus; a conversão do príncipe pagão e mil servas para cada uma de suas companheiras.

O primeiro e terceiro pedidos foram logo concedidos, mas o segundo não pôde ser realizado. Por isso, Úrsula e suas companheiras, quase todas pagãs, partiram em viagem. Nessa viagem, Úrsula, com grande fé, amor, bondade e pureza, conseguiu converter o batalhão de meninas que a acompanhavam, e elas foram todas batizadas!

Úrsula era uma gentil evangelizadora. Quando voltavam a seu reino, a princesinha e o batalhão de amigas foram atacadas pelos bárbaros, que as mataram cruelmente.

As jovenzinhas mártires subiram ao Reino do Céu gloriosamente para se encontrarem com o Pai, que as recebeu de braços abertos.

> **Reflexão:** *Como Úrsula e suas companheiras sofreram o martírio por serem cristãs, nós também devemos assumir nossos compromissos de cristãos.*
>
> *Hoje, a Igreja nos convida a relembrar nossos mortos. Peçamos a Deus que os tenha em sua glória e em sua felicidade sem fim.*

# AMARÁS O SENHOR TEU DEUS. E TEU PRÓXIMO

## 31º DOMINGO DO TEMPO COMUM
### (Mc 12,28b-34)

Naquele tempo, [28b] um mestre da Lei aproximou-se de Jesus e perguntou: "Qual é o primeiro de todos os mandamentos?"

[29] Jesus respondeu: "Ouve, ó Israel! O Senhor nosso Deus é o único Senhor. [30] Amarás o Senhor teu Deus de todo o teu coração, de toda a tua alma, de todo o teu entendimento e com toda a tua força! [31] O segundo mandamento é: Amarás o teu próximo como a ti mesmo! Não existe outro mandamento maior do que estes".

[32] O mestre da Lei disse a Jesus: "Muito bem, Mestre! Na verdade, é como disseste: Ele é o único Deus e não existe outro além dele. [33] Amá-lo de todo o coração, de toda a mente, e com toda a força, e amar o próximo como a si mesmo é melhor do que todos os holocaustos e sacrifícios".

[34] Jesus viu que ele tinha respondido com inteligência e disse: "Tu não estás longe do Reino de Deus". E ninguém mais tinha coragem de fazer perguntas a Jesus.

## O QUERIDO SANTO ANTÔNIO

Vamos hoje falar de um santinho muito querido pelo povo brasileiro: Santo Antônio, advogado dos pobres, dos doentes, dos que têm bom coração.

Contam que Santo Antônio, cujo nome de batismo era Fernando, certa vez, quando menino, com um gesto, guardou milhares de passarinhos num celeiro vazio, porque queria ir à igreja rezar e não podia deixar que o bando destruísse a plantação de seu pai.

Mais tarde, Fernando, já frade, por ordem superior, trabalhava no jardim, quando anunciaram a hora da missa:

— Meu Jesus, eu não posso sair daqui, mas queria muito assistir a essa missa. Dizem que, no mesmo instante, a parede da igreja tornou-se transparente como vidro e ele pôde ver o sacerdote elevando a hóstia.

— Graças a Deus – murmurou Fernando.

O bom frade gostava de se ocupar com os trabalhos mais humildes e, por isso, ficou muito impressionado com a humildade, fé e amor de São Francisco de Assis, cuja vida era de pobreza e cujo lema era pregar o Evangelho.

— Quero caminhar ao lado de São Francisco de Assis.

Com a permissão de seu superior, tornou-se franciscano e passou a chamar-se Frei Antônio.

Descalço, pedia esmolas, e, às vezes, dormia com os bichos. Frei Antônio socorria os pobres e doentes, sempre louvando a Deus.

Um dia, Frei Antônio começou a falar ao povo, e falou tão bem, com tanta eloquência e sabedoria, que deixou a multidão boquiaberta.

Alguns malvados, no entanto, conseguiram esvaziar a igreja, onde ele ia falar.

Frei Antônio, calmamente, dirigiu-se à margem de um rio e chamou:

— Peixinhos, venham escutar a Palavra de Deus.

E eles obedeceram, colocando a cabeça fora d'água.

O poder de Deus se manifesta sempre naqueles que o amam e servem os necessitados. Também hoje ser santo é *amar e servir*

**Reflexão:** *A mensagem de hoje deve ser guardada em nossos corações e usada em todos os momentos de nossa vida. Em primeiro lugar está Deus. Acima de todos os amores, Deus é nosso Rei, nosso caminho, nossa vida!*

*Amando a Deus, amaremos como Jesus amou: amigos e inimigos, os que nos fazem bem e os que nos fazem mal, todos representam nosso próximo.*

# JESUS ESTAVA FALANDO DO TEMPLO DE SEU CORPO

**DEDICAÇÃO DA BASÍLICA DE LATRÃO**
(Jo 2,13-22)

[13]Estava próxima a Páscoa dos judeus e Jesus subiu a Jerusalém. [14]No Templo, encontrou os vendedores de bois, ovelhas e pombas e os cambistas que estavam aí sentados. [15]Fez então um chicote de cordas e expulsou todos do Templo, junto com as ovelhas e os bois; espalhou as moedas e derrubou as mesas dos cambistas. [16]E disse aos que vendiam pombas: "Tirai isto daqui! Não façais da casa de meu Pai uma casa de comércio!"

[17]Seus discípulos lembraram-se, mais tarde, que a Escritura diz: "O zelo por tua casa me consumirá". [18]Então os judeus perguntaram a Jesus: "Que sinal nos mostras para agir assim?" [19]Ele respondeu: "Destruí, este Templo, e em três dias o levantarei". [20]Os judeus disseram: "Quarenta e seis anos foram precisos para a construção deste santuário e tu o levantarás em três dias?" [21]Mas Jesus estava falando do Templo do seu corpo. [22]Quando Jesus ressuscitou, os discípulos lembraram-se do que ele tinha dito e acreditaram na Escritura e na palavra dele.

# A BASÍLICA DE SÃO JOÃO

## (Jogral)

**Grupo A:** A Basílica de São João de Latrão é importante.

**B:** Mais importante que ela, somos nós, quando deixamos Jesus viver em nós.

**A:** Somos templos maiores do que a Basílica de São João de Latrão...

**B:** ... quando vivemos a *fraternidade*.

**Todos:** Obrigado, Senhor, pelas vezes que somos templos de Jesus onde vivem todos os irmãos.

**A:** Tão importante quanto a Basílica de São João de Latrão é todo homem que deixa o *amor* viver em seu coração.

**B:** Maior que a Basílica de São João de Latrão é o homem que constrói a *paz*.

**Todos:** Obrigado, Senhor, por todos os homens que por *amor* constroem a *paz*.

**A:** Mais importante que a Basílica de São João de Latrão é o homem que dá a *vida* por seu irmão.

**B:** Maior que a Basílica de Latrão é o homem que ajuda o irmão a viver.

**Todos:** Obrigado, Senhor, pelo homem que dá a *vida* e pela *vida* do irmão.

**A:** Eu quero ser sempre *Templo vivo de Jesus*.

**B:** Eu quero ser sempre *apoio* para meus irmãos.

**Todos:** Ajuda-nos, Senhor!

**A:** Eu quero deixar o *amor* viver em mim.

**B:** Eu quero ser sempre o construtor da *paz*.

**Todos:** Ajuda-nos, Senhor!

**A:** Eu quero ser sempre *força* para meu irmão viver.

**B:** Eu quero ser sempre *vida* para meu irmão.

**Todos:** Ajuda-nos, Senhor!

# ELA OFERECEU TUDO O QUE POSSUÍA PARA VIVER

### 32º DOMINGO DO TEMPO COMUM
(Mc 12,38-44)

Naquele tempo, [38]Jesus dizia, no seu ensinamento a uma grande multidão: "Tomai cuidado com os doutores da Lei! Eles gostam de andar com roupas vistosas, de ser cumprimentados nas praças públicas; [39]gostam das primeiras cadeiras nas sinagogas e dos melhores lugares nos banquetes. [40]Eles devoram as casas das viúvas, fingindo fazer longas orações. Por isso eles receberão a pior condenação".

[41]Jesus estava sentado no Templo, diante do cofre das esmolas, e observava como a multidão depositava suas moedas no cofre. Muitos ricos depositavam grandes quantias.

[42]Então chegou uma pobre viúva que deu duas pequenas moedas, que não valiam quase nada.

[43]Jesus chamou os discípulos e disse: "Em verdade, vos digo, esta pobre viúva deu mais do que todos os outros que ofereceram esmolas. [44]Todos deram do que tinham de sobra, enquanto ela, na sua pobreza, ofereceu tudo aquilo que possuía para viver".

## O MELHOR DOADOR

A escola "Frendereich" estava em festa: as crianças da 4ª série iam, com a diretora e as professoras, fazer o Natal das crianças doentes do hospital "Menino Jesus".

Dr. Brito, o diretor, preparou uma grande sala onde colocaria as crianças hospitalizadas. Ali ficariam com conforto para assistirem ao "show" dos amiguinhos.

As enfermeiras encheram bolas de gás, que colocaram nas janelas e portas. Os alunos da 4ª série da Escola "Frendereich" já sabiam o nome dos amiguinhos que receberiam os presentes, por isso fizeram lindos cartões de Natal personalizados.

Acompanhando os cartões, havia muitos presentes.

Uma menina presenteou sua afilhada do hospital com seis

bonecas. Não é um exagero? Poderiam dividi-las com outras crianças dali.

— Ela gosta de se exibir, dona Lucília. É por esta razão que trouxe seis.

Um garoto levou cinco bonecos do Batman!

Entre as crianças que tinham um monte de brinquedos caríssimos para dar, havia uma bem pobre, que ficou muito encabulada. Para sua afilhadinha do hospital trouxera somente uma boneca de plástico que sua mãe comprara numa loja de R$ 1,99.

A garotinha que ganhou essa boneca ficou tão contente quanto as outras.

Depois dos presentes, as crianças visitantes, com chapéu de Papai Noel, cantaram e dançaram. Uma grande alegria espalhou-se no hospital!

A diretora, dona Lucília, e as professoras ofereceram para todos saquinhos com suspiros (permitidos pelos médicos).

Que experiência maravilhosa! Todos felizes: os que deram e os que receberam.

Dona Lucília reuniu na escola suas colegas e perguntou-lhes:

— Quem deu mais?

— Ora, claro, foi o Hélio, que levou cinco bonecos do Batman!

— Não! Quem deu mais foi com certeza Elza, que entregou seis bonecas.

Dona Lucília, cheia de sabedoria, declarou:

— As duas erraram. Quem deu mais foi Celina, porque se desfez da única boneca que possuía e da qual tanto gostava.

> **Reflexão:** *A viúva da parábola de Marcos (12,41-44) deu tudo o que tinha: 2 moedas. Celina, do mesmo modo, não teve dúvida e estava certa, pois dar é muito mais importante para nós do que receber.*

# JESUS E A VIÚVA POBRE

## (Dramatização)

**Personagens:** Jesus, fila de pessoas com suas moedas, viúva, discípulos.

**Caracterizações:** Poderão ser usadas túnicas de papel crepom ou de pano bem barato. A viúva pode usar uma blusa preta.

**Cena:** Jesus está sentado. À frente, uma caixa representando o cofre. Bem afastados, os discípulos. A multidão em fila deposita suas moedas no cofre.

**Desenvolvimento:** A viúva está no fim da fila. Enquanto isso, alguém canta no microfone:

"Sabes, Senhor, o que temos é tão pouco pra dar.
Mas este pouco, nós queremos com os irmãos
compartilhar".

**Jesus:** Venham! *(Os discípulos sentam em volta de Jesus.)* Respondam: Entre toda esta multidão, quem deu mais? *(Os discípulos entreolham-se e nada dizem.)* Não sabem? Pois eu lhes conto: quem deu mais foi a pobre viúva.

**1° apóstolo:** Por quê?

**2° ap.:** Ela deu uma moeda de pouco valor.

**Jesus:** Sim, é verdade! Mas aquela moeda era a única que a viúva possuía. Ela deu tudo por amor e ficou sem nada.

**3° ap.:** Como sempre, Mestre, o Senhor tem razão.
*(Todos saem, repetindo o canto:*
"Sabes, Senhor, o que temos é tão pouco pra dar.
Mas este pouco, nós queremos com os irmãos
compartilhar".)

# O CÉU E A TERRA PASSARÃO, MINHAS PALAVRAS NÃO

### 33º DOMINGO DO TEMPO COMUM
(Mc 13,24-32)

Naquele tempo, Jesus disse a seus discípulos: ²⁴"Naqueles dias, depois da grande tribulação, o sol vai se escurecer, e a lua não brilhará mais, ²⁵as estrelas começarão a cair do céu e as forças do céu serão abaladas.

²⁶Então vereis o Filho do Homem vindo nas nuvens com grande poder e glória. ²⁷Ele enviará os anjos aos quatro cantos da terra e reunirá os eleitos de Deus, de uma extremidade à outra da terra.

²⁸Aprendei, pois, da figueira esta parábola: quando seus ramos ficam verdes e as folhas começam a brotar, sabeis que o verão está perto. ²⁹Assim também, quando virdes acontecer essas coisas, ficai sabendo que o Filho do Homem está próximo, às portas.

³⁰Em verdade vos digo, esta geração não passará até que tudo isto aconteça. ³¹O céu e a terra passarão, mas as minhas palavras não passarão. ³²Quanto àquele dia e hora, ninguém sabe, nem os anjos do céu, nem o Filho, mas somente o Pai".

# O FIM DO GRANDE FORMIGUEIRO

Era uma vez um grande formigueiro com milhares e milhares de formiguinhas.

O chefe desse formigueiro era o Mestre Dão Formigão Dom-Dom, muito justo e rigoroso, que sabia aconselhar as formiguinhas desobedientes, mentirosas, raivosas e violentas.

Infelizmente, muitas não seguiam seus conselhos e continuavam más.

As boas eram carinhosamente tratadas e acolhidas por ele.

— Queridas formiguinhas, Dão Formigão I, nosso rei, está muito feliz com vocês que seguem o bom caminho. Serão abençoadas por isso. Um dia, não haverá luz! Nem os vaga-lumes acenderão suas lanterninhas; total escuridão. As boas formiguinhas serão levadas para um formigueiro eterno. Transformar-se-ão em lindas estrelas vermelhas, amarelas, azuis, verdes, alaranjadas... As más continuarão no formigueiro escuro, gritando sem parar:

— Eu não quero ser boa — disse a malvada Liloca.

— Eu gosto de dar ferroada — gritava a raivosa Zuzu.

— Eu não gosto de obedecer — falava a esquisita Lia.

— Eu quero morder — repetia várias vezes Nica.

— Nós queremos ser más!

— Nós queremos ser más!

Mestre Dão Formigão Dom-Dom ficou tão triste que caiu uma lágrima de seus olhos, e falou devagarinho:

— Ainda há tempo para vocês mudarem de comportamento.

— Não queremos, não queremos!

As formiguinhas raivosas correram atrás das outras, mordendo e dando ferroadas.

— Ai! Ui! Ai! Ui! — gemeram as formiguinhas que não faziam mal a ninguém.

175

De repente, tudo escureceu. Fora do enorme formigueiro, o Sol parou de brilhar, a Lua se escondeu e as estrelas começaram a cair.

Ficou tudo escuro. Ouviu-se então a voz de Dão Formigão I:

— Formiguinhas boas! Com as luzes dos vaga-lumes que já acendem, saiam por todos os cantos e tragam as formigas que não mordem, as que não dão ferroadas; as más ficarão onde estão, sem luz, sem comida, sem amigas, sem ninguém.

E o Formigão, depois de separar as boas das más, subiu numa nuvem à espera das formiguinhas, que já estavam chegando e foram morar no formigueiro eterno, onde só havia paz e amor.

E as outras?

Ficaram para sempre no formigueiro escuro.

# DRAMATIZAÇÃO

**Personagens:** Patrão, 3 empregados, e 1 narrador

### Cena I

**Patrão** *(dirigindo-se aos 3 empregados)*: Vou viajar para longe. Cuidem de meus bens! Você fica com 5 talentos, você com 2 e você com 1.

*(Os quatro saem de cena.)*

**Narrador:** O homem viajou para o estrangeiro. O empregado que ganhou 5 talentos trabalhou e conseguiu mais 5 talentos. O que recebeu dois talentos trabalhou e conseguiu mais 2. O que recebeu 1 talento nada fez, a não ser enterrar o dinheiro do patrão. Depois de muito tempo, o patrão voltou.

**Cena II** *(Os talentos foram distribuídos)*

*(Homem e os 3 empregados)*

**1º Empregado:** Senhor, recebi 5 talentos. Trabalhei e consegui mais 5. Aqui estão.

**Patrão:** Muito bem! Você é bom e é fiel. Vou lhe dar mais talentos. Estou feliz! Venha comigo!

**2º Empregado:** Senhor, recebi 2 talentos. Trabalhei e consegui mais 2. Aqui estão.

**Patrão:** Você é bom e é fiel. Vou lhe dar mais talentos. Estou feliz! Venha comigo!

**3º Empregado:** Senhor, fiquei com medo de ter prejuízo e escondi o talento que me deste no chão. Ei-lo.

**Patrão:** Você é um empregado mau e preguiçoso. Pelo menos, deveria ter posto o dinheiro no banco. Assim, eu ganharia os juros.

**Narrador:** E o talento do mau empregado foi dado ao bom empregado que lucrara 5 talentos.

**Patrão:** Empregado inútil, você está despedido.

**Narrador:** O patrão e os dois bons empregados saem abraçados e o mau empregado saiu chorando.

---

**Reflexão:** *Jesus anunciou o fim do mal e a vida eterna do bem. Depende de cada um escolher seu caminho, seu futuro, além desta vida que é passageira.*

# VIM AO MUNDO PARA DAR TESTEMUNHO DA VERDADE

**SOLENIDADE DE NOSSO SENHOR JESUS CRISTO, REI DO UNIVERSO**
(Jo 18.33b-37)

Naquele tempo, 33bPilatos chamou Jesus e perguntou-lhe: "Tu és o rei dos judeus?"

34Jesus respondeu: "Estás dizendo isto por ti mesmo, ou outros te disseram isto de mim?"

35Pilatos falou: "Por acaso sou judeu? O teu povo e os sumos sacerdotes te entregaram a mim. Que fizeste?"

36Jesus respondeu: "O meu reino não é deste mundo. Se o meu reino fosse deste mundo, os meus guardas lutariam para que eu não fosse entregue aos judeus. Mas o meu reino não é daqui".

37Pilatos disse a Jesus: "Então tu és rei?" Jesus respondeu: "Tu o dizes: eu sou rei. Eu nasci e vim ao mundo para isto: para dar testemunho da verdade. Todo aquele que é da verdade escuta a minha voz".

## CRISTO REI
### (Jogral)

**Grupo A:**
Jesus, Filho de Deus,
veio nascer de Maria,
veio pra nos salvar
e por nós morreu um dia.

**Grupo A:**
Em sua vida o que ele fez:
Jesus viveu para amar,
viveu para servir,
viveu pra perdoar!

**Grupo B:**
Quem faria isso por nós?
Morrendo crucificado,
Jesus nos deu sua vida,
nosso Rei amado!

**Grupo B:**
Jesus fez mil milagres:
só ele podia fazer.
E até hoje ele faz,
é só nele se crer.

**Grupo A:**
Na festa de casamento
em Caná realizada,
fez seu primeiro milagre
a pedido da Mãe amada.

**Grupo B:**
A água ele transformou
em vinho delicioso.
Todos ficaram alegres
num banquete tão gostoso.

**Grupo A:**
A pesca milagrosa,
um dia também aprontou.
Não estava um dia pra peixe,
mas o bom Jesus ordenou...

**Grupo B:**
E um dia curou também
o servo do centurião.
Deu vida ao filho da viúva,
que já estava no caixão.

**Grupo A:**
Curou cegos e coxos,
a tempestade acalmou.
Curou surdos e mudos,
e os pães multiplicou.

**Grupo B:**
Milagre dos milagres
a morte Ele aceitou,
mas, depois de sepultado,
Ele ressuscitou.

**Todos:**
E hoje anda conosco
em todas as regiões:
Rei de todos os povos
e Rei dos corações.

**Reflexão:** *O mundo engana muito e apresenta para nós muitos reis, do orgulho, da vaidade, da ganância, do poder. Esses reis não deixam espaço para o verdadeiro Rei. Cabe a cada um de nós fechar o coração para os falsos reis e abrir só para "Cristo Rei".*

# ÍNDICE

Apresentação ...................................................................... 5

1º Domingo do Advento .................................................... 7
Imaculada Conceição de Maria ........................................ 10
2º Domingo do Advento .................................................. 13
3º Domingo do Advento .................................................. 16
4º Domingo do Advento .................................................. 18
Natal do Senhor .............................................................. 21
Sagrada Família de Jesus, Maria e José ........................... 24
Solenidade de Santa Maria, Mãe de Deus ....................... 27
Epifania do Senhor .......................................................... 31
Batismo do Senhor .......................................................... 34
2º Domingo do Tempo Comum ......................................... 36
3º Domingo do Tempo Comum ......................................... 38
4º Domingo do Tempo Comum ......................................... 40
Festa da Apresentação do Senhor .................................... 43
5º Domingo do Tempo Comum ......................................... 46
6º Domingo do Tempo Comum ......................................... 49
7º Domingo do Tempo Comum ......................................... 51
8º Domingo do Tempo Comum ......................................... 54
1º Domingo da Quaresma ................................................ 58
2º Domingo da Quaresma ................................................ 60
3º Domingo da Quaresma ................................................ 63
4º Domingo da Quaresma ................................................ 66
5º Domingo da Quaresma ................................................ 68
Domingo de Ramos .......................................................... 70
Quinta-feira Santa — Ceia do Senhor .............................. 73
Páscoa e Ressurreição do Senhor ..................................... 75
2º Domingo da Páscoa ..................................................... 78
3º Domingo da Páscoa ..................................................... 81
4º Domingo da Páscoa ..................................................... 83
5º Domingo da Páscoa ..................................................... 85
6º Domingo da Páscoa ..................................................... 87
Ascensão do Senhor ........................................................ 89
Solenidade de Pentecostes .............................................. 91
Santíssima Trindade ........................................................ 93
Santíssimo Corpo e Sangue de Cristo .............................. 95
9º Domingo do Tempo Comum ......................................... 97

10° Domingo do Tempo Comum ...............................................99
11° Domingo do Tempo Comum .............................................101
12° Domingo do Tempo Comum .............................................103
Natividade de São João Batista .............................................105
13° Domingo do Tempo Comum .............................................107
São Pedro e São Paulo .......................................................110
14° Domingo do Tempo Comum .............................................112
15° Domingo do Tempo Comum .............................................114
16° Domingo do Tempo Comum .............................................116
17° Domingo do Tempo Comum .............................................118
Transfiguração do Senhor ...................................................121
18° Domingo do Tempo Comum .............................................123
19° Domingo do Tempo Comum .............................................126
Assunção de Nossa Senhora ................................................128
20° domingo do tempo comum ..............................................131
21° Domingo do Tempo Comum .............................................134
22° Domingo do Tempo Comum .............................................136
23° Domingo do Tempo Comum .............................................138
Exaltação da Santa Cruz ....................................................140
24° Domingo do Tempo Comum .............................................142
25° Domingo do Tempo Comum .............................................144
26° Domingo do Tempo Comum .............................................146
27° Domingo do Tempo Comum .............................................148
Nossa Senhora da Conceição Aparecida ..................................151
28° Domingo do Tempo Comum .............................................156
29° Domingo do Tempo Comum .............................................159
30° Domingo do Tempo Comum .............................................161
Todos os Santos .............................................................163
Comemoração de Todos os Fiéis Defuntos ................................165
31° Domingo do Tempo Comum .............................................167
Dedicação da Basílica de Latrão ...........................................169
32° Domingo do Tempo Comum .............................................171
33° Domingo do Tempo Comum .............................................174
Solenidade de Nosso Senhor Jesus Cristo, Rei do Universo .......178

A marca FSC® é a garantia de que a madeira utilizada na fabricação do papel deste livro provém de florestas que foram gerenciadas de maneira ambientalmente correta, socialmente justa e economicamente viável.

Este livro foi composto com as famílias tipográficas Futura Times New Roman e Helvetica e impresso em papel Offset 75g/m² pela **Gráfica Santuário.**